# 사회주의 중국에서
# 탈사회주의 주체의 형성

사회에 관한 경험과 지식의 고백

# 사회주의 중국에서 탈사회주의 주체의 형성

원재연 지음

연세대학교 대학출판문화원

# 머리말

올해로 한중수교 25주년이 되었다. 1992년 수행된 한중수교는 중국을 연구하는 많은 학자들에게 지접 중국을 방문, 체류, 조사할 수 있는 새로운 기회와 가능성을 제공하였다. 1980년대 대학을 다녔던 사람들에게 중국은 에드가 스노우의 『중국의 붉은 별』, 님 웨일즈의 『아리랑』, 혹은 다이호우잉의 『사람아 사람아』 등의 저작들을 통해 사회주의라는 다른 체제를 상상하며 간접 경험을 했던 국가였다. 한중수교 이후 중국은 상상의 사회주의 체제를 넘어 직접 가서 눈으로 확인하며, 몸으로 느낄 수 있는 현장조사의 공간으로 바뀌었다. 과거 중국에 관심 있던 연구자들이 홍콩이나 타이완을 방문하여 간접 연구를 했던 경험에 비추어보면 이는 가히 혁명적인 변화라고 할 수 있다.

중국사회에 학자들이 가지는 관심과 의미는 실로 매우 다양하다. 일부 학자들은 중국사회의 전통, 역사, 유교문화 등 과거로부터 내려오는 풍부한 역사유산과 문화적 전통에 관심을 가지며, 일부는 미국과 더불어 정치, 경제, 군사적으로 세계질서를 주도할 글로벌 파워로서 중국을 연구한다. 먼저 언급한 첫 번째 연구방향성이 중국의 과거에 대한 인문학적인 지향이라고 한다면, 두 번째 언급한 연구방향성은 중국의 현재와 미래에 대한 경제학적, 정치학적 지향이라고 할 수 있겠다. 이 책은 이런 관심과 구분되는 다른 하나의 연구지향성을 그 목적으로 한다. 제목에서 드러나는 바와 같이 '사회주의 중국'이라는 개념을 통해 이 책은 중국사회를 서구자본주의와 구분되는 '대안적인 근대성(other modernities)'을 추구했던 사회로 이해하고자 한다. 사실 자본주의 사회에서 태어나고 자란 대한민국 사람들에게 '사회주의'라는 대안적 근대성은 과거 엄격한 반공체제 아래에서 금기시 되는 주제이었기에, 오직 이론적으로 배우거나 상상 속에서의 제한된 경험만이 가능한 체제이었다. 1980년대 이후 진행된 구사회주의권의 개혁과 한중수교는 학자들로 하여금 자본주의가 아닌 다른 사회체제를 직접 경험하며 연구할 수 있게 만들었던 것이다. 필자도 1997년 상하이 사회과학원에서 푸동(浦東)지역 연구를 시작으로 지난 20년간 중국을 방문하여 연구를 해왔으며, 이 책은 그간 연구의 산물이다.

중국을 연구해 본 학자들은 누구나 알겠지만, 중국에 대한 연구는 결코 쉽지 않으며, 그간의 연구를 저서로 정리하는 것 또한 무척 어려운 작업이었다. 방대한 중국사회가 개별 연구자에게 던지는 그 압도적인 모습과 결코 간단하게 일반화할 수 없는 복잡하고 미묘한 성격들은 끊임없이 연구자에게 도전으로 다가온다. 하지만 역설적으로 바로 이 점이 중국사회가 연구자에게 보여주는 매력인 동시에, 힘든 중국연구를 지속할 수밖에 없는 장점이라고 하겠다. 사실 방대한 중국사회의 복잡하고 다양한 모습 앞에서 끊임없이 작아지는 본인의 모습을 확인하게 되었고, 중국에 관한 글쓰기는 끊임없이 자신의 한계를 확인하는 과정이었다. 이러한 점에서 이 책은 중국사회에 관한 필자의 제한된 경험과 지식을 고백하는 기회이기도 하다.

이 책은 사회주의 중국을 대안적 근대성으로 이해하는 사회학적 중국연구를 그 목적으로 하며, 이는 세 가지 차원에서 진행된다.

첫 번째에서는 사회주의 중국의 사례를 통하여 마르크스와 베버 등 고전사회학 이론에서 논의한 사회주의 사회의 성격에 대한 이론적 논의를 전개하고자 한다. 이는 흔히 지역학 연구가 단순히 연구대상인 국가의 경험적 현상에 대한 묘사나 서술에 그친다는 일반적인 선입견을 넘어서고자 한다는 점에서 이 책의 목적이기도 하다. 마르크스나 베버 등 고전 사회학자들이 '고전'일 수 있는 것은 어쩌면 그들이 서구에서 진행된 자본주의 근대성을 비판적으로 이해하는 동시에 그 대안적 사회에 대한 심각한 고민도 했기 때문일 것이다. 이 점에서 사회주의 중국은 고전 사회학이론에 대한 진지한 재검토를 할 수 있는 보배 같은 공간이기도 하다. 또한 이를 통하여 이론사회주의(Socialism in theory)와 현실사회주의(Socialism in reality) 사이의 긴장과 차이를 고민하게 되며, 고전이론들이 가졌던 서구중심주의와 오리엔탈리즘의 신화를 파괴할 수 있는 새로운 탈서구주의의 가능성을 모색하는 기회이기도 하다.

두 번째로 사회주의 중국에 대한 연구는 방법론적으로 주류사회학이 지향하는 '방법론적 실증주의(Methodological Positivism)'의 근본적인 한계들을 드러내게 한다. 주류사회학이 지향하는 과학적인 객관화 혹은 일반화와 수량화된 통계자료의 사용은 중국연구에서 거의 불가능하다. 중국연구에 있어 타당성과 신뢰성을 모두 갖춘 통계자료를 구하기는 무척 힘들고, 그 통계자료만을 이용해서 학문적인 글쓰기를 한다는 것 역시 어렵다. 사회주의 중국은 방법론적 실증주의에 입각한 주류사회학자들의 한계를 극명하게 드러내며, 방법론적인 인식의 전환이 필요함을 알려준다. 따라서 이 책은 대안적으로 현장조사와 심층면접 등 질적 방법을 사용하는 글쓰기를 지향한다.

세 번째는 글쓰기에 관한 것으로, 이 책에서는 사회주의 중국의 모습을 아이러니(Irony)를 통하여 드러내고자 한다. 앞서 언급한 것처럼 중국사회의 복잡성, 다양성을 설명하기 위해 아이러니라는 서술의 방법을 통하여 그 모순을 극복하자는 것이다. 이 책의 제목이 "사회주의 중국에서 탈사회주의 주체형성"인 것도 바로 그 이유이다. 중국사회의 다양한 역설과 모순들, 사회주의 사회인 동시에 탈사회주의화가 진행되고 있으며, 사회주의 혁명을 경험했음에도 또 다른 혁명인 문화혁명이 진행되었고, 현재 개혁개방을 통해서는 노동자의 국가에서 노동자들이 주변화 되고 소외되고 있는 모순을 아이러니라는 서술방식을 통하여 정리하고자 한다.

이 책의 일부인 4장은 과거 『한국문화인류학』에 출간한 「중국실업노동자들의 탈사회주의화 과정에 관한 연구」, 6장은 『현상과 인식』에 출간한 「사회주의 중국에서 진리안의 삶의 모색」을 수정하고 보완하여 포함하였다.

이 책은 필자의 이름으로 발간하지만, 도움을 주셨던 수많은 분들께 감사드리고자 한다. 먼저 이론적으로는 마르크스와 베버라는 고전사회학자들을 현재 탈사회주의의 맥락에서 되새김할 수 있게 가르쳐주신 신고전파 사회학자들인 마이클 버라보이(Michael Burawoy)와 이반 젤러니(Ivan Szelenyi) 교수에게 감사드린다. 이분들에게 직접 배울 수 있었던 것은 크나큰 행운이었으며, 이분들을 통하여 현실사회주의의 전환과정에 대한 사회학적 이해를 할 수 있는 이론적 시각을 배울 수 있었다.

방법론적으로는 중국사회에서 충실한 현장연구를 수행했던 Thomas Gold, Ching Kwan Lee, 선유엔(沈原), 장영석, 백승욱 교수들로부터 많은 것을 배울 수 있었다. 이들의 중국에 대한 현장연구는 사회학적 지식이 단지 상아탑 안에서만 재생산 되는 것이 아니라, 현장에 존재하는 사람들과의 밀접한 상호작용을 통해 배울 수 있다는 깊은 교훈을 배울 수 있었다. 또한 현장연구과정에서 만났던 수많은 중국 분들을 통해 책이나 컴퓨터로는 얻을 수 없는 귀중한 지혜를 얻을 수 있었다. 삶과 경험의 공유를 통해 사람이 살아가는 희로애락의 모습을 보여준 많은 분들에게는 항상 갚을 수 없는 빚을 지고 있다.

또한 글쓰기 과정에서도 많은 분들의 도움을 받았다. 길 아이엘(Gil Eyal) 교수는 신고전파 사회학의 글쓰기 방법 중 하나인 아이러니라는 서술을 처음으로 제안하신 분이다. 필자의 지도교수이고 그 서술방법을 전수받았음에도 불구하고, 계속 인지하지 못하다가 뒤늦게 커다란 지적유산을 부여받았음을 깨닫게 되었다. 학자로서 글쓰기를 포함한 많은 영역에서 훌륭한 지식인의 모습을 보여주심에 진심으로 감사드린다. 또한 5장을 공동작성한 창잉(常颖)과 원고를 다듬어준 강성민에게도 각별한 고마운 마음을 전한다. 그 외에도 베튤준블, 이민식, 최은지, 최해솔이 많은 도움을 주었다. 마지막으로 무한한 지원을 해주셨던 연세대 사회학과 동료 교수님들과 부모님께 감사드린다.

2017년 7월 원재연

# 차 례

| 제1부 |

# 문제의 제기

## 제 1 장

# 들어가는 말: 탈사회주의 주체의 사회학

흔히 '중국특색의 사회주의' 혹은 '사회주의 시장경제' 등으로 불리며 40년 가까운 개혁과 개방을 경험한 중국사회는 최근 급속한 변화를 겪어왔다. 개혁개방이전의 시대에는 존재하지 않았던 '실업'이라는 새로운 사회현상은 소득 양극화 및 빈익빈 부익부 현상과 더불어 중국공산당체제를 위협하는 사회불안정요소로 나타나고 있다. 국유기업의 개혁을 통하여 단위제도라는 직장위주의 복지제도가 무너졌으나, 새로운 시장위주의 경제활동이 지배적으로 부각되고 있다.

최근 우리 사회에서 빈번하게 회자되는 '동아시아담론', '동북아시아공동체론', 혹은 '한류' 등에서 볼 수 있듯이 중국에 대한 관심은 급속하게 증가하고 있으나, 대부분의 중국연구는 경제학과 정치학을 중심으로 한 문헌적 연구와 설문 조사형의 통계적 연구가 중심을 이룬다고 해도 과언은 아니다. 이들의 학문적 관심분야는 주로 시장화와 제도개혁, 정책연구 등으로 국가, 시장, 조직 등의 체제개혁에 주로 관심을 가진다. 이러한 접근은 대개 거시적 사회변동, 중국의 당이나 국가정책변동을 통계자료나 문헌자료만을 통하여 언급한다는 점에서 한계를 가진다. 즉 거시적인 체계차원의 변동에 관한 사실의 나열이나 서술에 그치는 경우가 대부분이라는 것이다. 이 책은 대안적으로 보다 구체적이고 경험적인 '행위자'들에게 관심을 가지는 사회학적 연구를 지향한다.

왜 행위자인가? 행위자에 대한 미시적인 연구를 통해 현재 중국에서 일어나는 변화를 보다 극명하게 보여줄 수 있기 때문이다. 과거 개혁개방시대 이전에는 착취자이자 공식적인 인민의 적이었던 자본가들은 현재 공산당원, 모범노동자, 심지어 '사회주의 시장경제'라는 슬로건 아래 공산당의 영웅이 되고 있다. 현재 중국의 변화는 단순히 거시적인 구조 차원에서의 변화뿐만이 아니라 미시적인 행위자차원에서의 변화를 보여주고 있는데, 과거의 사회주의적인 '단위인(单位人)'에서 탈사회주의적인 '사회인(社会人)'으로의 인식상의 변화가 바로 그것이다(Anagnost, 1997; Dutton, 1992). 개혁개방 이전 시대에 중국인민들이 단위체제에서 가졌던 국가와 직장에 대한 의존성이 탈사회주의적이며 자급자족하는 새로운 시장형 인간으로 바뀌고 있는 것이다. 이러한 맥락에서, 이 책은 중국사회에서 발생하고 있는 '탈사회주의적인 주체형성(post-socialist subjectivity)'의 현상을 이해하는 동시에, 중국이 아직도 사회주의 사회형태를 유지하고 있다는 역설을 이해하는데 그 목적이 있다.

탈사회주의 주체형성은 근대적 인간과 미시적 행위자의 탄생에 대한 개념으로 이해할 수 있으며, 단순한 법적·정치적 권리를 뛰어넘어 근대적인 주체로서 인간이 어떻게 생성되고 만들어지는가의 문제라고 할 수 있다. 고대 그리스와 로마의 전통과 같이, 시민권의 개념은 자유와 평등을 보장해주는 동시에, 다른 한 편으로는 사회적 배제(exclusion)와 편 가르기(insider/outsider)의 개념도 포함하고 있다(Dutton, 1992; Gordon, 1991). 한 사회에서 바람직하고 윤리적인 시민이 되기 위한 사회의 규범, 법, 규칙에 대한 존중과 동의를 요구하는 것이다.

중국의 경우는 매우 특수한 사례로 볼 수 있는데, 사회주의 사회에서의 개혁과 개방으로 말미암아 탈사회주의적인 요소들이 나타나고 있으며 이에 따라 윤리적·도덕적 변화가 급속하게 발생하고 있다는 점에서 그러하다. 한 사회의 규범, 법, 규칙을 존중하고 따르면 그 사회에서 정상적(normal)인 것으로 받아들여지지만, 그렇지 못할 경우 비정상적(abnormal)인 것으로 이해되어 이에 대한 국가의 훈육적인(disciplinary) 감시와 처벌이 따르게 된다(Dutton, 1992; Lynch, 1999). 주체의 형성은 근대적 개인을 형성하는 과정에서 합리성 및 시장윤리라는 차원의 새로운 편 가르기와 경계긋기를 내포하고 있는데, 이는 단순히 지배나 착취의 문제가 아니라 비정상적인 것에 대한 배제와 함께 과학적, 윤리적, 도덕적 치료 및 교화까지를 동반하는 것이나(Burchell, Gordon, Miller, 1991). 결국 한 사회 안에서 바람직하고 윤리적인 모범시민이 된다는 것은 사회의 권력관계를 받아들여 정상적으로 삶을 영위함을 말한다. 현재 중국에서 문화혁명 시기를 겪었던 구세대들(50, 60년대 태생)은 전 시대의 비효율성의 상징으로서, 오래된 사상과 관념(老思想, 旧观念)을 가진 사람들이자 시장 체제 하에서 경쟁성이 결여된 사람들로 간주되고 있다. 이 책은 과거 사회주의 체제에서 실천되던 사회주의적 행위와 사상이 어떻게 시장경제 상황에서 새로운 행위와 사상으로 바뀌고 있는가를 이해하고자 한다. 이를 통하여 중국사회주의에서 주체형성의 구체적 과정을 경험적으로 살펴보고자 한다.

이 책은 방법론적 측면에서 주류사회과학의 실증주의 방법의 한계를 벗어나고자 노력하였으며, 미시적 행위자에 관심을 두고 현지조사, 문헌조사, 그리고 심층면접 등의 질적방법들을 통하여 연구를 수행하였다. 이와 같은 탈실증주의 방법은 전지구적 현지조사(Global Ethnography)와 국가에 대한 현지조사(Ethnography of the state)의 전통에 뿌리를 내리고 있다. 전지구적 현지조사는 기존의 인류학적 현지조사가 가지는 지역적 한계와 환원론적 한계를 뛰어넘어 세계적 차원에서 일어나는 거시적인 조류, 사회학이론, 그리고 미시적 현지조사를 연결하고자 하는 시도이다. 한편 기존의 현지조사가 주로 노동자, 농민, 여성, 소수민족 등 숨겨진 행위자들에 대한 관심을 가지는 데 비하여, 국가에 대한 현지조사는 이들의 일상생활 속에 파고든 국가의 구체적인 정책과 이 정책들이 행위자들에게 미치는 영향을 살펴보고자하는 시도이다. 이러한 방법은 미시와 거시의 결합, 혹은 구조와 행위의 결합, 그리고 제도의 변화가 개인의 삶에 미치는 영향을 조사 · 연구하는 데 도움을 준다. 또한 서베이 자료, 문헌자료, 혹은 통계자료 등에서 나타난 사실들을 실제로 검증하고 재확인할 수 있는 기회가 된다.

이 책이 '탈사회주의적 주체'라는 연구주제에 대해 위와 같은 방법론을 통해 밝히고자 하는 것은 구체적으로 다음과 같다. 탈사회주의적 주체형성 과정에서 전개되는 국가의 구체적 지배 기술들, 즉 과거의 사회주의적 사상과 습관, 태도 및 행위를 극복하고 새로운 시장논리를 받아들이도록 만드는 국가의 지배 기술에 대해서 경험적으로 연구해 보고자 한다. 시장 체제와 자본주의사회로의 이행과정에서 베버적인 의미의 자본주의 정신은 저절로 발생하는 것이 아니라 국가가 끊임없이 주입하고 교육하는 차원의 것이다(Lemke 2001; Abercrombie, Hill and Turner, 1986). 이러한 차원에서 미시적인 국가기술에 대한 논의가 필요하며, 이것이야말로 본 연구가 밝혀내고자 하는 점이다. 시장화와 탈사회주의화는 '보이지 않는 손(看不见的手)'인 시장에 의해서 자동적으로 창출되는 것이 아니다. 시장이 지배적인 메커니즘으로 부각되는 상황에서도 국가는 여전히 사고, 습관, 행동의 탈사회주의화에 중요한 역할을 하고 있으며, 중국정부는 인민들에게 새로운 시장의 논리와 경제적 합리성의 개념을 소개하고 있다. 이러한 맥락에서, 국가의 새로운 이데올로기를 실행하는 구체적인 국가의 기술(technology)에 대한 연구가 필요하다.

중국에 대한 국내 사회학 연구 중 특히 노동부문에서 많은 성과가 이루어져왔다. 그 중 특기할만한 것은 백승욱과 장영석의 선구적인 연구 성과물들이다. 지나친 이론적 추상성을 지양하고 구체적 현실에 기반하며 풍부한 자료를 제공하는 백승욱과 장영석의 연구는 이 책에 많은 영감을 제공하였다. 이들의 업적은 중국연구에서 발로 뛰는 현지조사의 장점과 유용성을 유감없이 보여준 걸작이라 할 수 있다. 이들의 선구자적인 중국 노동연구에도 불구하고, 한 가지 아쉬운 점은 이들의 연구 또한 대개 노사관계에서 국가/체제분석 혹은 정책변화과정에 초점을 두어 미시적인 '행위자'에 대한 분석을 찾아보기 어렵다는 점이다. 바로 이 지점에서, 현지조사가 가지는 장점을 살려 탈사회주의적 전환 속 행위자를 이해하고자 한 이 책의 시도가 사회학적인 중국연구에 기여할 수 있는 점이라고 생각한다.

이 책의 제목은 '사회주의 중국에서 탈사회주의 주체형성'이다. '형성(making)'이란 개념은 역사사회학자인 톰슨(Thompson, 1963)의 저서 영국 노동계급의 형성(*The Making of the English Working Class*)에서 빌려온 것이다. 이 저작에서 톰슨은 승자의 역사, 성공한 사람들의 역사들만을 기억하는 관습을 거부하며, 역사서술에서 노동계급의 주체성을 찾고 그들이 어떻게 역사를 만들어 가는가를 이해하고자 한다. 톰슨은 역사적 경험의 역동적 과정과 인간행위를 보다 구체적으로 이해하고자 하며, 그에게 '주체'는 자율적이고 자유로운 주체를 의미하는 것이 아니라 생산관계와 이해관계, 그리고 적대관계에 얽혀있는 관계성의 존재이다. 이 책이 톰슨과 같이 복잡한 관계망에 얽혀진 존재로서 인간의 모습을 이해하고자 하는 것은 기존 주류 사회학에서 지향하는 상관관계나 인과관계에 대한 이해가 본 저서의 목적은 아니라는 것을 보여준다. 또한 '형성(making)'이라는 개념을 통해, 행위자들의 일상 속 산 경험(lived experiences)을 이해하고자 하는 관점을 보여준다. 즉, 미시적인 주체의 구체적인 경험을 정치, 문화, 그리고 역사적인 맥락에서 이해하고자 하는 접근인 것이다.

물론 톰슨의 맥락과는 달리, 사회주의 중국에서의 탈사회주의 주체의 형성에는 국가의 직접적인 개입이 있었다. 시장에서의 합리성은 저절로 생겨나는 것이 아니라 국가주도의 교육과 선전, 그리고 사상개조에 의해서 진행되고 있다. 사회주의에서 자본주의로의 이행과정에서 시장을 건설하기 위해서는 행위자들의 윤리, 행위, 그리고 습관 모두를 사회주의에서 자본주의로 전환시켜야 한다. 사회주의적 행위는 자립적이고 책임감이 있으며, 합리적인 행위를 수행할 수 있는 자본주의 행위로 뒤바뀌어야 하는 것이다.

이 책은 크게 세 부분으로 나뉘어 있다. 우선 II부에는 탈사회주의라는 거대한 전환(The Great Transformation)을 이론적으로, 또한 역사적으로 논의하는 두 편의 글이 있다. 2장 '(탈)사회주의의 사회학'에서는 사회주의를 다루는 고전 사회학이론가들과 그들을 계승하여 새롭게 탈사회주의 맥락에서 재해석하고자하는 신고전파 사회학이론(Neo-Classical Sociology)들을 비판적으로 검토한다. 이러한 이론적 논의는 이 책의 출발점이자 앞으로 전개될 경험연구의 방향성을 보여주는 동시에, 다른 학문과 구분되는 사회학적 중국연구의 정체성을 보여줄 것이다. 3장은 사회주의 혁명 이후 일어난 또 다른 혁명, 즉 문화대혁명을 경험했던 중국에 대한 역사맥락적 이해를 시도한다. 이를 통하여 서구의 이론들이 중국의 맥락에서 가지는 한계를 점검하며 중국의 사회주의 경험이 가지는 특수한 성격들과의 긴장관계를 검토한다.

III부는 중국 탈사회주의 전환을 직접 경험하고 있는 구체적인 행위자들에 대한 두 편의 질적연구 논문들을 포함하고 있다. 먼저 4장에서는 탈사회주의 전환과정에서 사회주의 노동자들에게 나타나는 변화를 추적하고 논의한다. 사회주의는 이론적으로 노동자들의 국가로 정의되며, 경험적으로는 노동자들에게 철밥그릇이라 불리는 복지와 완전 고용이 실현된 사회였다. 하지만 탈사회주의 전환과정 속의 중국 노동자들은 국가의 주인에서 시장화, 사영화, 상업화의 희생자로 전락하고 말았다. 4장은 이 과정에서의 담론 수준의 변화와 시장사회를 건설하려는 사회주의 국가의 구체적인 정책들을 논의한다. 사회주의 사회에서 가장 중요한 노동자라는 행위자들에게서도 탈사회주의화가 진행되고 있으며, 이 과정에서 국가가 주도적인 역할을 하고 있다는 점을 경험적으로 논의한다. 5장은 창잉(常颖)과의 공동연구로서, 탈사회주의 시기를 살아가는 사회주의 행위자들의 모습을 심층면접을 통해서 보여준다. 5,60대 '따마'(大媽)에 대한 이 사례 연구는 과거 사회주의 체제에서 태어나고 자랐지만 현재의 급격한 탈사회주의화를 경험하고 있는 이행세대를 경험적으로 관찰하고 있다. 과거 문화대혁명 시기 당과 국가에 충성을 요구받다가 현재는 시장경제 상황에서 자립 갱생하여 살아가야만 하는 세대에 대한 이야기를 담고 있다.

마지막으로 IV부는 사회주의 중국에서의 금기와 저항에 대한 내용을 담고 있다. 1989년 진행되었던 천안문 민주화운동은 아직도 중국에서 자유롭게 논의하기 어려운 금기 중 하나이며, 그 맥락에서 저항지식인 류샤오보가 등장했다. 류샤오보는 근대화 지향의 자유주의 지식인으로서, 서구사회에서는 지난 2010년 노벨평화상을 수여할 만큼 환영받고 있으나 중국내부에서는 국가로부터 탄압과 투옥을 당해왔던 인물이었다. "국가정권전복선동죄"로 수감되어 노벨평화상 시상식에 참석할 수도 없었으며, 이 책이 완성되던 2017년 7월 간암 말기 판정을 받고 투병 중 사망하였다. 류샤오보는 사회주의 중국에서 저항의 상징적 인물로, 무엇이 중국에서 금기시되며 또한 어떤 저항이 가능한가를 검토해 보는 대표적 사례이다.

| 제Ⅱ부 |

# 탈사회주의라는 거대한 변환

제 2 장

# (탈)사회주의의 사회학이론

이번 장에서는 탈사회주의 전환(post-socialist transformation)이라는 거대한 변환에 대한 사회학이론을 검토하고자 한다. 보다 구체적으로, "사회주의는 구체적으로 무엇이었고, 그 이후에는 어떤 사회가 도래하는가?"라는 질문에 대한 대답을 (신)고전파 사회학의 이론전통에서 구하고자 한다.

고전파 사회학자인 마르크스는 인간 해방(human freedom)이 오직 공산주의 사회에서 완전하게 그 가능성을 획득할 수 있을 것이라 믿었던 낙관주의자였던 반면, 베버는 사회주의 사회에서 불평등의 종말을 믿을만한 아무런 근거가 없다고 여겼다. 베버가 보았던 것은 비인간적인 관료(정치)에 의해 점점 더 사회의 관료적 성격이 강화되고, 아무런 돌파구가 존재하지 않는 암울한 사회로 변모한다는 것이었다.

베버에게 사회주의는 해방의 사회가 아니라, 오히려 관료주의화를 강화시키는 또 하나의 불완전하고 불평등한 사회체제였던 것이다.

현재 사회학분야에서 탈사회주의 전환을 가장 전문적으로 연구한 학자들은 마르크스주의자 마이클 버라보이(Michael Burawoy)와 베버리언인 이반 젤러니(Ivan Szelenyi)라고 할 수 있다. 이들은 탈사회주의 전환을 이해하고 설명하면서 마르크스와 베버라는 고전사회학자를 되새기는 신고전파 사회학의 전통에 속하는 학자들이기도 하다. 흔히 사회주의/탈사회주의에 관한 베버리안 전통의 관점은 마르크스주의 관점에 대한 비판으로 고려될 수 있으며, 실제로 대부분의 글들(Burawoy, 2001; Eyal, 2001)은 이들의 차이에 초점을 두고 있다. 그러나 이번 장에서는 이들 사이의 외면적인 차이와 대립뿐 아니라, 그 내면에 위치한 비판적 대화와 논쟁을 함께 논의하고자 한다. 사회주의에 대한 베버리언 전통의 이해가 마르크스주의와 대립하기만 하는 것으로 이해하는 것은 너무나도 단순한 평가이다. 오히려 베버의 관점은 역설적으로 마르크스의 관점이 제시하지 못했던 관료제의 문제와 불평등의 문제를 비판적으로 이해하는 또 하나의 시각을 제공한다. 따라서 사회주의와 탈사회주의에 대한 보다 포괄적인 이해를 위해서는 상반된 것처럼 보이는 두 가지 이론적 전통의 결합이 보다 유용하다. 이는 모든 네오마르크스주의 사상의 내부에는 숨겨진 베버의 모습이 있다는 프랭크 파킨(Parkin, 1979)의 지적과도 일치한다. 베버를 마르크스에 대한 비판자인 동시에 그 약점을 보충하고 정교하게 하는 입장으로도 보는 것이 본 장의 출발점이다.

세계사회학회(International Sociological Association) 회장과 미국

사회학회(American Sociological Association) 회장을 역임하며 우리나라에도 잘 알려진 마르크스주의 사회학자 마이클 버라보이는 헝가리와 소련의 탈사회주의 변화를 지속적으로 연구해온 연구자이기도 하다. 전 세계적으로 진행되어온 탈사회주의 전환에 대한 버라보이의 시각은 매우 독특하다고 할 수 있다. 버라보이(2001)는 탈사회주의 자본주의(post-socialist capitalism)가 자본가 없이 만들어 질 수 있을지는 몰라도, 노동자 없이 만들어 질 수는 없다고 주장하며, 탈사회주의전환에 관한 이반 셀리니 등의 베버주의적 설명이 엘리트 집단에 과도한 관심을 둠으로써 하부주체라는 행위자들 및 계급관계 변화를 과소평가했다고 비판하였다. 탈사회주의 과정에서 노동자 계급이라는 하부주체의 정치성에 대한 강조를 통해, 버라보이는 역설적으로 마르크스주의 분석을 되살리고자 노력한다.

버라보이는 "마르크스주의가 그 외부의 위기에 나타나는 역사적 도전에 대한 대화와 응전을 포기할 때, 그 과학적 특징을 잃게 된다"(Burawoy, 1990: 776)주장한다. 이러한 점에서 탈사회주의 전환은 현실사회주의에서 지배이데올로기로 전락했던 마르크스주의를 해방시킬 새로운 가능성을 제공한다고도 해석할 수 있는 것이다. 유사하게 베버의 마르크스에 대한 도전과 비판 역시 기계적으로 정답을 제공하는 마르크스를 수정하고 재해석할 수 있는 새로운 기회이기도 하다. 따라서 마르크스나 베버의 어느 한쪽 시각에 집착하기 보다는 두 시각의 결합을 통해 탈사회주의라는 시대적 흐름과 거대한 전환을 이해할 필요가 있다

사회주의로부터 또 하나의 새로운 사회로의 전환인 탈사회주의화

과정은 새로운 주체의 형성이라는 행위자 수준의 미시적 변화까지 포함하는 매우 복잡한 과정이다. 과거 사회주의 체제가 가졌던 안정성과 복지는 이미 사라졌으며, 중국과 같은 탈사회주의 사회에서도 자본주의사회와 마찬가지로 임시고용 등 다양한 방식의 비정규직 노동이 등장하고 있다. 마르크스가 관심을 가졌던 프롤레타이아트(proletariat)라는 공장 노동자들이 이제는 공장 외부의 거리로 내몰려 프레카리아트(precariat)로 전락하는 상황까지 발생한 것이다. 이러한 점에서 버라보이의 마르크스의 재평가와 부활이라는 야심적인 프로젝트는 어쩌면 너무나도 낙관적인 시각이라고 평가할 수 있을지 모른다. 또한, 마르크스주의의 낙관주의는 베버리언의 비관주의와 결합되어야 그 균형을 유지할 수 있을지 모른다. 이러한 맥락에서 베버리언 전통의 젤러니등(Eyal, Szeleny, and Townsley, 2001)이 다소 도전적으로 제시했던 "노동 계급이라는 집단 행위자(working class-cum-collective actor)는 현재 어디에서 찾을 수 있는가?"라는 비관적인 질문에도 주목할 필요가 있다. 탈사회주의과정에서 사회주의 사회의 노동자들은 국가의 주인이 아니라 착취되고 배제되어 거리로 내몰린 대상이 되어버리고 말았던 것이다.

## 1. 21세기 사회학의 위기

"21세기 사회학은 과연 위기상황인가?" 사회학계가 스스로에게 던진 이 질문에 대한 논의는 끊임없이 진행되고 있는데, 혹자는 사회학의 위기가 사회의 위기 그 자체를 반영한 것이라고 까지 이야기한다. 반세기전인 1970년 미국의 사회학자 앨빈 굴드너는 〈서구사회학의 다가오는 위기와 전망〉에서 구조기능주의이론과 실증주의 방법론으로 특징 지워지는 당시 사회학의 문제점을 진단하고 그 대안으로 보다 비판적이고 성찰적인 사회학이 필요하다고 주장한바 있다. 이와 유사하게 이반 젤러니(Szelenyi, 2015)는 『Global Dialogue』라는 세계사회학회 출간 잡지에서 최근 사회학의 위기를 진단하고 그에 대한 대안으로 신고전파 사회학을 제시하였다. 신고전파 사회학은 젤러니가 진단한 정치적 위기, 방법론의 위기, 그리고 이론의 위기에 대응하는 것이다. 이 책 또한 사회학의 세 가지 위기에 대한 대응의 형식으로 작성되었다.

먼저 젤러니가 첫 번째로 지적한 정치적 위기와 급진적 대안 부재의 위기라는 화두에 맞추어, 자본주의적 근대성에 대한 급진적인 대안을 추구했던 중국사회주의의 모습을 경험적으로 살펴보고자 한다. 서구와는 구별되는 대안적인 근대성을 추구했던 중국사회주의 변화를 이해하고 그 성격을 설명함으로써 서구 자본주의와 구분되는 경로를 택했던 중국사회주의의 가능성과 한계를 구체적으로 논의하고자 한다.

두 번째 방법론적 위기에 관해서는, '방법론적 실증주의'가 지배하는 현재 사회학의 방법론적 위기를 진단하고, 젤러니가 제시한 해석적 사회과학에 입각한 글쓰기를 대안으로 제시하고자 한다. 이 책에서 사용한 방법은 사회학과 중국학의 결합을 추구하는 '사회학적 중국연구'(원재연, 2005)로서, 현지조사 · 문헌조사 · 심층면접이라는 해석적 사회과학의 전통에서 경험적 연구를 수행하였다.

세 번째로 살펴볼 이론적 위기에 대해서는, 마르크스와 베버의 고전사회학을 21세기 동아시아의 맥락에서 재해석 해 보는 방식으로 대응하고자 한다. 사회학 고전이 던지는 문제의식 및 대안의 모색을 계승하는 동시에, 21세기 비서구사회인 중국사회주의의 맥락에서 그 한계를 함께 논의하고자 한다.

사회학의 위기에 대한 국내학계의 논의로는 이기홍(2008)의 논문 「사회과학에서 생산성 그리고 구상과 실행의 분리」가 대표적이다. 이 논문에서 이기홍은 시장논리의 학계 지배가 결국 구상을 포기하고 단순하고 반복적인 실행에만 몰두하게 하는 부작용을 가져왔다고 주장한다. 업적관리와 수량적 기준의 확대가 논문의 대량생산에는 도움이 되었을지 몰라도, 논문이 담보하는 내용과 질적 수준에서 심각한 위기를 초래했다는 것이다. 또한, 이기홍은 학문에서의 구상과 실행의 분리는 결국 장기적인 시간과 노력이 요구되는 구상을 포기하고 단순한 실행에만 집착할 수밖에 없는 현실을 만들었다며 현재 학계의 문제점을 신랄하게 비판한다. 하지만 이것은 학문공동체의 자폐증의 반영이며 사회과학의 발전과는 무관하다.

이러한 문제의식에서 출발한다면 "학문의 발전 혹은 '구상'은 어떻게 가능할까?"라는 의문을 가지게 된다. 이기홍에 의하면 이는 창조적인 상상력과 추론 능력을 통해서 가능하다. 보다 구체적으로 이 글에서는 학문에서의 발전 혹은 '구상'의 가능성을 사회학자 버라보이가 주장했던 '사례확장방법(The Extended Case Method)'의 이론적 지향에서 찾고자 한다. 주류사회학의 방법론적 지향인 방법론적 실증주의의 대안으로 제시된 사례확장방법은, 기존 이론에 대한 도전 및 반박사례를 재비판하고 지속적으로 보조가설을 제공함으로써, 그 이론적 핵심을 보호함과 동시에 경험적 설명력을 증가시키는 방법이다(Burawoy, 1990: 780). 사회과학에서의 경험연구는 기존연구에 대한 검토 없이 시작하는 것이 어려우며, 또한 경험연구는 이론을 재구성 혹은 확장하는 기회를 제공한다. 이러한 점에서 고전사회학자인 마르크스와 베버 또한 탈사회주의 전환의 맥락에서 신고전파 사회학으로 재구성 혹은 확장할 수 있는 가능성을 가지는 것이다.

버라보이의 사례확장방법은 라카토스의 과학관에서 빌려온 것으로서, 라카토스에 의하면 과학적 연구프로그램은 이론의 핵심(hard core)과 보조 가설들(auxiliarly hypotheses)로 만들어진 보호막(protective belt)으로 구성된다(Lakatos, 1978: 102). '보호막'은 이론에 대한 도전이나 비판들로부터 그 이론의 핵심을 보호하는 역할을 수행한다. 보호막은 새로운 사례나 사실의 등장으로 기존 이론이 설명하기 어려운 예외적인 사례들이나 극단적인 변칙 사례들로부터 이론을 보호하는데, 이러한 과정은 비판과 도전에 대한 재도전과 재비판의 형식을 가진다. '이론의 핵심'에 대한 보호가 실패할 경우 그 이론은 퇴행적인 연구 프로그램(degenerating program)으로 전락하여 폐기되기도 하지만, 성공적이고 효과적인 방어를 통해서는 그 이론의 설명력을 다시 증진해 발전적인 연구프로그램(progressive program)이 되는 것이다. 다시 말해서 사회과학에서 발전, 이기홍의 언어로 표현하자면 '구성'은 이론의 핵심 비판에 대한 재비판 및 논박을 통해서 가능하다는 것이며(Burawoy, 1990: 777-778), 이는 아래와 같이 표시할 수 있다.

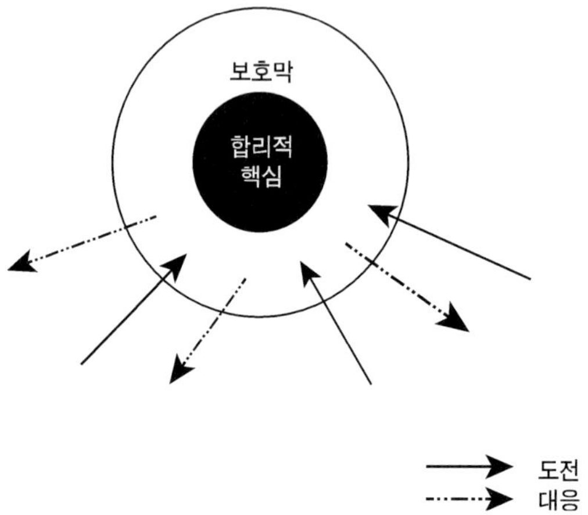


〈그림 1〉 라카토스의 과학관

라카토스의 과학관을 통해서 칼 포퍼식의 반증주의 논리에 대한 비판도 가능하다. 칼 포퍼의 반증주의 원칙은 그 자체에 대해서는 반증 불가능하다는 모순이 숨겨져 있다. 즉 모든 명제는 반증이 가능해야 하지만, 포퍼가 제시한 "반증해야 한다"는 명제는 반증이 불가능하다는 역설이 존재하는 것이다. 이기홍이 비판했던 '가설연역적 방법' 혹은 실증주의 사회과학에서 주로 사용하는 연구가설의 반증 및 채택을 통한 기존 이론의 폐기는 이러한 점에서 문제가 있다고 할 수 있다. 사례확장방법에 의하면 사회과학 연구에서 중요한 것은 단순한 거대 이론의 기계적 적용이나 완벽한 논리적 설명이 아니라, 그 이론이 가지는 한계를 드러내는 사례에 대응하는 것이다. 이러한 점에서 마르크스주의와 탈사회주의 사회전환은 일면 모순처럼 보이지만, 새로운 도전에 대한 대응의 가능성을 보여주는 사례이기도 하다.

하지만, 방법론적 실증주의에 기반을 둔 주류사회학은 대조적인 과학관을 보인다. 미국의 사회학자 죠지 스타인머츠(George Steinmetz, 2003)에 따르면 주류 사회학에서 사용하는 방법론적 실증주의는 자연주의 과학관, 경험주의 존재론, 그리고 인식론적 실증주의로 구성된다. 여기서 자연주의 과학관은 과학적 연구란 수량화와 실험에 기반을 두어야 함을, 경험주의 존재론은 조작적 정의가 가능하고 관찰 가능한 것만을 연구할 수 있음을 원칙으로 한다. 마지막으로 인식론적 실증주의란 변수들 사이의 인과관계가 곧 연구의 목적으로 한다.

또 하나의 경향은 합리적 선택이론과 같은 거대이론의 기계적인 적용이다. 예를 들어, 거대 이론으로서 '합리적 선택이론'에 대한 경험적인 연구가 수행될 경우, 경험연구는 단지 이 거대이론의 재검증 사례에 그치는 한계를 가진다. 따라서 "인간의 행위가 합리적이다."라는 가정 자체는 경험적인 반박이나 비판이 불가능하게 된다. 이 책에서 사례로 제시한 중국의 경우도 사실 거대이론의 검증과 재검증을 통해 가설을 증명하는 매우 단순한 역할에 그친다.

또한, 많은 계량적 연구의 경우 예외적인 극단치(outlier)는 평균에 지나치게 영향을 미치기 때문에, 회귀분석에서 극단치는 항상 제외되기 마련이다. 하지만 버라보이의 과학관에 의하면, 이러한 극단치 혹은 이상치가 한 이론의 근본적인 가정 및 핵심에 도전하게 되고 또 이를 보호하는 양식에 따라 그 이론의 발전 및 성공 여부가 갈리게 된다.

이를 앞서 언급한 이기홍의 논리와 결합하자면, 사회과학 연구에서 '구상'의 역할은 단순히 유사한 연구의 다른 사례를 통한 증명이 아니라 새로운 도전에 응답하는 이론의 재구성과 확장이라고 할 수 있다.

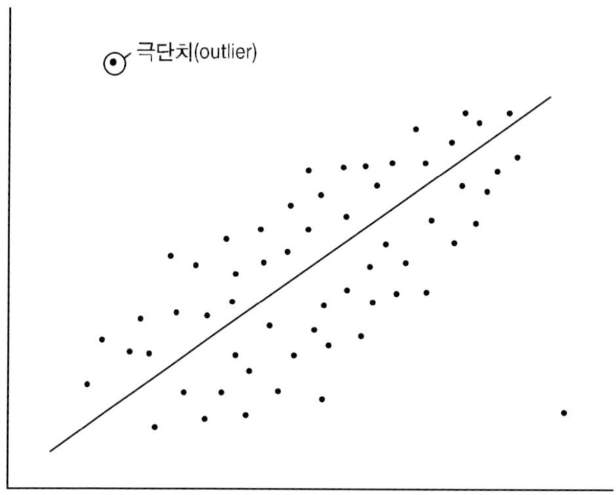


〈그림 2〉 사회학에서의 극단치(outlier)

또한, 기존이론의 설명에 도전하는 극단치, 혹은 이상사례에 대한 대응방식이 되기도 한다. 사회과학에서 '구상'은 이론적 사고와 분리할 수 없으며, 기존이론의 단순한 증명이 아닌 도전 사례에 대한 대응 방식에서 그 해답을 찾을 수 있을 것이다.

'구상'의 역할은 기존 이론의 설명 양식에서 예외적으로 보이거나 경험적으로 설명하기 어려워 이론 틀에서 벗어나 보이는 일련의 역사적 사례들에 대한 대응방식이다. 다시 말해, 새로운 맥락의 도전 사례들에서 기존 이론을 단순히 검증하고 폐기하는 것이 아니라, 그것을 재구성할 수 있는 방식을 찾는 것이라 할 수 있다. 이러한 관점에서 1989년 이후 전 세계적으로 진행되고 있는 현실사회주의의 변화는 마르크스주의 이론에 대한 커다란 도전으로 해석할 수 있다.

1989년부터 진행된 탈사회주의 전환은 자본주의 이외의 대안적 근대성을 상상하기 어렵게 만들었으며, 마르크스의 입장을 지지하는 학자들에게는 설명하기 어려운 하나의 도전이 되었다. 그러나 버라보이는 탈사회주의 전환이 지배이데올로기로 변질된 소비에트식 마르크스주의를 해방시킬 새로운 기회가 될 것으로 바라본다. 즉 현실사회주의에서 지배이데올로기가 되어버림으로써 퇴색된 마르크스주의의 참신성이 더 이상 지배이데올로기가 아니라 현실 속에서 재탄생할 수 있게 된다는 것이다.

따라서 신고전파 마르크스 이론은 단순히 고전 사회학자 마르크스의 사상을 기계적으로 적용하고 계승하는 것이 아니라, 그 기본 가정에서 설명할 수 없는 예외적인 경험적 사실을 재반박하는 것이라 할 수 있다. 이러한 대응과 마르크스주의의 재구성은 그 이론의 핵심이 가지는 경험적 설명력을 더욱 풍부하게 만든다. 즉 마르크스주의의 잠재성은 마르크스주의의 궤도에서 벗어난 듯 보이는 역사적인 사건들을 역으로 마르크스주의를 뒷받침하는 논리로 흡수하고, 이를 통해 그 이론의 외연을 넓힘으로써 발전할 수 있다는 것이다.

이 점에서 탈사회주의전환은 마르크스주의가 예측하지 못했던 현상으로서, 마르크스 이론의 핵심 테제인 자본주의에서 사회주의로의 이행에 역행하는 사례로 볼 수 있다. 이러한 점에서 마르크스와 같은 고전 사회학자들을 현대적 맥락에서 재해석할 수 있으며, 이는 1980년대 후반부터 진행된 전 지구적 규모의 거대한 변환을 이해하는 데 큰 함의를 가진다.

## 2. 고전사회학의 사회주의 이론 I: 마르크스주의

사실 마르크스에게서 사회주의의 구체적 모습에 대한 정확한 대답을 찾기는 결코 쉽지 않다. 과학적 사회주의를 지향하는 마르크스에게 미래를 구체적으로 계획하는 것은 오히려 공상적이고 유토피아적일 수 있다는 역설이 존재한다. 마르크스가 『공산당선언』에서 강조한 것처럼 사회주의는 단순한 이념이나 미래지향이 아니라, 사회운동이며 운동의 과정 속에서 그 구체적인 모습을 찾아야하기 때문이다. 이러한 점에서 사회주의의 구체적인 모습은 확실히 드러나지는 않지만, 마르크스의 여러 저작에서 그 희미한 단초들은 발견할 수 있다.

우선 초기 저작인 『독일이데올로기』를 보면 사회주의 사회의 다양한 특징에 대한 논의가 발견된다. 『독일이데올로기』에서 가장 잘 알려진 다음 구절을 살펴보자.

> 공산주의 사회에서는 그 누구도 독점적인 활동 영역을 가지고 있지 않으며, 그 대신 그 본인이 원하기만 한다면, 어떠한 영역에서도 자신의 능력을 발휘할 수 있다. 또한 사회가 생산을 조절하게 된다. 이러한 상황에서는 본인이 오늘 수행한 일과 전혀 다른 일을 내일 하는 것이 가능하게 된다. 예를 들면, 오전에는 사냥을, 오후에는 낚시를, 저녁에는 가축을 돌보고, 그리고 저녁 식사 후에는 비평하는 것이 가능하다. 이는 본인이 마음에 따라 가능하기에 굳이 사냥꾼, 낚시꾼, 목동이나 비평가가 되지 않더라도 가능하게 된다(Tucker, 1978: 160)

공산주의의 가장 중요한 특징 중 하나는 분업이 개인들에게 강제되는 것이 아니라 스스로 선택하는 자발적인 성격이라는 점이다. 자본주의 사회에서의 분업은 전문화를 강요하는 소외의 근원이지만, 공산주의 사회에서의 자발적 분업은 오히려 자기실현을 하는 하나의 방식이라 할 수 있다. 이것이 공산주의의 첫 번째 특징이다.

공산주의의 두 번째 특징은 소유관계(property relations)에서 부르주아적 사적소유의 철폐이다. 이는 마르크스의 가장 유명한 저작인 『공산당 선언』에서 다음과 같이 나타난다.[1)]

> 공산주의가 다른 것과 구별되는 특징은 일반적으로 소유(권)의 폐지가 아니라, 부르주아 소유의 폐지이다. 그러나 현대 부르주아 사적 소유는 계급 적대주의, 소수에 의한 다수의 착취에 근거한 생산 시스템과 적절한 생산(량)의 결정적이고 가장 완벽한 표현이다. 이러한 관점에서, 공산주의 이론은 다음의 한 문장으로 요약될 수 있을 것이다: 사적 소유의 폐지(Tucker, 1978: 484).

사적 소유의 폐지는 특히 자본가 계급의 소유를 제거하는 것을 의

1) 또한, 『공산당 선언』의 일부 구절에서는 공산주의에 대한 보다 구체적인 그림을 보여준다. "1) 토지 소유권의 폐지와 토지비용의 공공사용, 2) 고율의 누진세 적용, 3) 모든 상속권 폐지, 4) 모든 망명자와 반역자 재산 몰수, 5) 국가자본과 배타적 독점을 가진 국립은행을 통해 신용을 국가 수준에 집중, 6) 통신과 운송 수단의 국가 수중에 집중, 7) 공동계획에 의한 국유공장과 생산 용구의 증가, 경지개간 및 개량, 8) 모든 국민에 대한 평등한 노동의무, 특히 경작을 위한 산업군 창설, 9) 농업과 제조 산업의 결합; 도농격차의 점진적 해소, 10) 모든 아동에 대한 무상 공립교육 실시, 아동 공장노동 폐지(Tucker, 1978: 490)."

미하기도 하지만, 궁극적으로는 모든 계급착취의 제거를 의미한다. 계급착취의 소멸은 인간역사의 재탄생이자 새로운 시작을 의미한다. 이러한 의미에서 인간이 계급착취와 억압 속에서 발현시키지 못했던 인간본성을 달성하는 공산주의 사회에서는 '새로운' 인간이 창조된다고 할 수 있다. 억압적 체제를 붕괴시키는 혁명이라는 창조적 행위에 참여한 인간은 과거 일방적으로 착취당했던 피해자로서 인간이 아니라, 능동적인 건설행위에 참여한 새로운 인간인 것이다. 이 점에서 공산주의는 하나의 이상이나 이데올로기에 그치는 것이 아니라, 실제적인 운동이다.

> 공산주의는 현실이 적응해야만 하는 하나의 이상도 아니고, 이미 고정불변한 상태도 아니며, 현재의 상황을 폐지하는 실제적 운동인 동시에, 세계사적 사건이다(Tucker, 1978: 162).

공산주의는 유토피아적 이념이나 사상이 아닌 사회를 변혁하는 실제적 운동이다. 이러한 점에서 공산주의의 세 번째 특성은 그 운동으로의 성격으로, 이미 모든 해답이 결정되어서 따라야만 하는 '당위'가 아니라 '실제적 운동(real movement)'이라고 할 수 있다. 마르크스에게 공산주의의 운동성은 계급지배와 양극화가 극단적인 상태로 나타나는 자본주의에 대한 비판의 성격이 강하다. 「정치경제학 비판서설」에서도 드러나듯이 마르크스는 계급 사회를 영원히 지속될 무엇이 아니라 역사적 구성물로 보고 있다. 계급관계는 사회주의 혁명을 통해 파괴할 수 있으며, 계급에서 비롯되는 불평등 또한 사라지게 되기 때문에 자본주의는 계급갈등과 투쟁이 존재하는 마지막 사회가 된다.

> 부르주아의 사적소유에 기반한 생산 관계는 사회적 생산 과정의 가장 모순되는 형태이다…부르주아의 내부에서 발전하는 생산력…사회는 그러한 적대주의 해결을 위한 물질적 조건을 만들어낸다(Tucker, 1978:5).

이 구절은 사회주의 혁명을 위한 결정적인 조건 중 하나가 바로 생산력의 발달이라는 것을 보여준다. 혁명을 성취하기 위해서 생산력 발달은 필수적이다. 그러나 생산력 발달만으로 '새로운' 사회를 건설하는 것은 충분하지 않다. 생산력은 반드시 계급투쟁과 결합되어야 한다. 혁명은 역사의 추진력이며, 집단적인 혁명 참여를 통해서 사람들은 사회의 현재 질서를 변화시키고 미래 질서의 대안적인 비전을 이해할 수 있다. 마르크스는 여러 저작에서 계급투쟁의 중요성을 지적하였다.

> 1) 계급 존재는 생산 발전에서 특정한 역사적 단계와 밀접한 관계가 있다, 2) 계급투쟁은 프롤레타리아 독재를 필연적으로 이끌어낸다, 3) 이러한 독재 그 자체는 계급 폐지와 계급 없는 사회를 위한 전통을 형성한다(Marx, 1963: 139).

그러나 마르크스 생전 공산주의 혁명은 여전히 이데올로기와 사회운동의 수준에 불과하였으며, 실제로는 실현되지 않았다. 사회주의에 대한 이 같은 상상은 20세기 초반 사회주의의 실현으로 변모했는데, 이는 흔히 현실사회주의(Actually Existing Socialism) 또는 지구상의 사회주의(Socialism on earth), 혹은 스스로를 사회주의로 부르는 사회(societies which called themselves socialism)라고도 불린다. 이러한 현실사회주의 건설 과정에 직접 참여하고 사회주의 이행이론을 보다 명확하게 만든 이론가는 레닌이다.

레닌(Lenin, 1974)은 그의 저작 『국가와 혁명』에서 마르크스 이론에 대한 두 가지 비판이었던 '국가론의 부재'와 '이행론의 부재'에 대해 직접적인 해답을 제공하려 노력하였다. 책의 제목인 '국가'와 '혁명'은 바로 이 두 가지 비판에 대한 레닌의 대응을 직접적으로 반영하고 있는 것이다. 국가론에 관하여 레닌은 자본주의 체제에서 민주주의가 가지는 계급적 한계를 날카롭게 지적하였으며, 이행론에 대해서는 과도기로의 사회주의(socialism as transitional stage between capitalism and communism) 개념을 소개함으로써 자본주의와 공산주의 사이의 중간단계로 사회주의 사회를 설정하였다. 이러한 레닌의 노력은, 마르크스주의는 단지 마르크스라는 한 사람의 사상가가 모든 문제에 해답을 제공하는 이론이 아니라, 그 계승자들에 의해서 발전하며 정교화될 수 있음을 보여준다.

『국가와 혁명』의 작성 시기는 1917년 여름경으로, 2월 혁명으로 러시아 짜르 전제체제가 무너진 지 얼마 안 되는 시기이었다. 케렌즈키가 지배하는 임시 자본주의 체제가 성립되었던 바로 이시기, 적절한 사회주의 혁명의 시기에 대한 치열한 논쟁 속에서 레닌은 더 이상 자본주의의 성숙과 발전을 기다릴 필요 없이 곧바로 사회주의 혁명으로 진행하자는 주장을 펼쳤던 것이다. 즉 1917년 2월 혁명에서 또 다른 혁명(10월 혁명)으로 연결시켜 사회주의혁명을 수행해야 한다는 것이다. 이 당시 여러 마르크스주의자들은 사회주의 혁명을 완수하기 위해 자본주의 생산력이 발전되기를 기다려야 하는지, 아니면 사회주의 혁명을 즉시 수행해야 하는지 사이의 선택의 지점에 있었다.

이 당시 정통 마르크스주의자인 카우츠키(Kautsky)에게 러시아는 생산력이 고도로 발전하기까지 기다려야 혁명이 가능했던 사회였다. 사회민주주의자였던 베른슈타인(Berstein)은 혁명이 아니라 오히려 자본주의 사회의 점진적 개혁을 통한 사회민주주의로의 이행을 주장하였다. 다른 한편, 무정부주의자들은 혁명 이후의 사회에는 국가가 필요하지 않다고 주장했다. 레닌은 이러한 세 가지 입장을 모두 비판하며 혁명을 통한 자본주의 국가의 파괴와 사회주의에서 공산주의의 진화에 의한 국가소멸론(withering away of the state)을 주장하였던 것이다. 이를 도식으로 표현하면 다음과 같다.

〈표 1〉 레닌과 다른 사회주의자들과의 차이 비교

| | 무정부주의<br>(국가소멸론자) | 기회주의 | 수정주의<br>(사민주의자) |
|---|---|---|---|
| 인물 | | 카우츠키<br>멘셰비키 | |
| 주장 | 자본주의 → 혁명<br>→ 공산주의<br>이행기는 필요 없음. | 혁명에는 생산력의<br>발전이 필요 | 혁명은 불필요<br><br>자본주의내의<br>개혁으로 충분. |
| 레닌의<br>비판 | 자본주의 → 사회주의<br>→ 공산주의<br>사회주의이행기 필요 | 현재가 바로 혁명의<br>시기 | 혁명이 필요 |

레닌은 이러한 다양한 수정주의 시각들이 마르크스주의의 본질을 왜곡했다고 비판하였다. 수정주의자나 사회민주주의자들의 의견과 달리 자본주의 국가는 결코 소멸되지 않기 때문에, 폭력혁명에 의해서만 파괴될 수 있다는 것이다. 폭력혁명에 의해 성립된 노동자들의 국가는 사회주의 노동자 국가로서 소수 자본가에 대한 다수 민중의 지배를 의미하며, 이러한 계급적 성격을 가진 국가는 공산주의에 도달하면 자동적으로 소멸한다는 것이 그의 주장이었다.

이렇듯 자본주의와 공산주의의 중간 단계인 사회주의 사회는 프롤레타리아 독재를 기반으로 한 급진적 민주주의 체제이다. 사회주의 국가는 1871년 파리코뮌의 경험에서 그 역사적 전례를 찾을 수 있으며, 노동자 계급에 의해서 지배되는 실질적 민주주의라는 점에서 형식적 민주주의인 자본주의 국가와 구분된다. 즉 인민 스스로가 과거 자신을 억압했던 억압자들에 대한 억압을 실현한다는 의미로서의 프롤레타리아 독재인 것이다. 따라서 인민에게는 지도자들에 대한 소환권, 해임 및 탄핵권을 가지게 된다. 과도기 사회주의론은 레닌 이론의 가장 큰 공헌으로, 공산주의 이전의 사회로 과도기 사회주의를 설정했다는 점이다.

이러한 사회주의 국가는 혁명으로 전복할 필요가 없으며 생산력의 발전에 따라 그 중요성과 기능이 자연스럽게 사라지면서 소멸하게 된다는 것이 레닌의 주장이다. 아래로부터의 민주주의가 완벽하게 실현되면, 그 민주주의는 스스로 필요를 잃고 소멸되어 버린다는 것이다. 이후 등장하는 공산주의 사회는 필요에 의한 분배로 구성된 사회이며, 국가, 계급, 착취가 모두 완전히 사라진 사회이다. 자본주의 사회에서 계급지배의 성격이 강한 국가가 사회주의 사회에서는 그 억압적 성격이 약해지며, 이 기간 동안의 실질적 민주주의 경험은 더 이상 계급지배의 기능을 수행하는 국가를 필요 없게 만드는 것이다.

〈표 2〉 레닌의 2단계 이행론 요약

| 자본주의 국가 ⟶ 혁명<br>(부르주아 독재) | 사회주의 국가 ⟶ 진화<br>(프롤레타리아 독재) | 공산주의 |
|---|---|---|
| 계급투쟁의 산물<br>계급지배의 도구<br>형식적 민주주의<br>계급간 모순(폭력개입의 필요)<br>국가는 계급적대감의 산물 | 무산계급독재<br><br>실질적 민주주의<br><br>노동에 의한 분배 | 수요, 필요에 의한 분배<br>생산력 고도의 발전<br>국가의 소멸 |

이러한 마르크스주의의 낙관적인 사회주의 미래전망에 대해서 마르크스주의 내부에서는 이후 트로츠키와 같은 이론가의 비판이 이어졌다. 트로츠키(Leon Trotsky, 1972)는 사회주의 혁명 이후 스탈린식의 소비에트 사회주의에 대해서 다음과 같이 경고하였다.

…[소비에트 국가]는 소멸되지 않을 뿐만 아니라, "소멸되기" 시작하지도 않았다. [사회주의] 사회의 관료(정치)는 전혀 사라지지 않았으며, 오히려 일반 대중을 지배하는 새로운 권력관계로 부각되기 시작되었다. (p. 51) …. 만약 사회주의국가가 소멸되지 않고, 점점 더 독재적이게 되어버리고, 또한 노동자 계급의 전권을 가진 사람들이 관료화되어버린다면, 그리고 관료주의가 새로운 사회를 지배하게 되면, 이것

은 과거의 심리적인 잔재와 같은 어떠한 부차적인 이유를 위한 것이 아니라, 참된 평등의 보장이 불가능한 한, 특권 소수자들을 생산하고 지지해야 할 확고한 필요성의 결과가 된다(p. 55).

마르크스주의 이데올로기 속 프롤레타리아 독재는 현실 역사 속에서는 당(party)의 독재가 되었음을 트로츠키 또한 비판하고 있다. 이러한 사회주의에 대한 날카로운 비판은 베버와 그를 계승했던 학자들에 의해 더 자세히 논의된다.

## 3. 고전사회학의 사회주의 이론 II: 마르크스주의에 대한 비판

베버에 따르면 자본주의 이후 사회에의 불평등의 종말을 믿을만한 아무 근거도 없다. 베버는 기본적으로 역사의 발전을 자유 쟁취의 과정으로 파악하지 않고 합리화와 관료제화에 따른 자유박탈의 과정으로 평가하며, 결국 자본주의 이후에는 관료제에 의해 지배되는 사회가 도래할 것이라고 주장한다. 베버의 근대사회에 대한 시각은 사회가 비인간적인 관료화에 따라 점점 더 관료적으로 되어 버리고, 문화적으로는 합리화과정에 따라 탈출구가 보이지 않는 '쇠우리(iron cage)'에 의해서 지배되어 버린다는 것이다. 따라서 사회주의는 관료주의에 대한 해결책이 결코 될 수 없으며, 오히려 사회주의 하에서 관료정치의 통치가 훨씬 더 강하게 작동하리라 여겼다. 사회주의 체제에서 시장과 대중민주주의의 부재는 관료들에 대한 감시와 견제를 불가능하게 한다는 것이다. 즉, 관료화가 사회를 지배하고 있는 한 불평등의 소멸은 불가능하다.

베버는 증가하는 관료주의의 확장이 불가피하기 때문에 사적 소유권 폐지가 착취, 계급, 불평등의 종말을 보장할 것이라 보지 않는다. 역사의 종말을 보장할 근거가 없고, 관료 조직의 기술적 우월성이 어디에서든 우세하기 때문에 결국 사회주의는 인간 해방을 위한 아무런 가능성을 주지 못하고 실패할 것으로 보고 있다. 베버에 따르면, "관료 조직의 진보에 대한 결정적 이유는 조직의 어떤 다른 형태보다 그 자체의 기술적 우월성이 있기 때문이다(Weber, 1978: 973)."

현대사회에서 관료주의화를 피하기는 불가능하고, 일단 관료주의화가 시작되면 그 길을 막거나 파괴하기는 절대적으로 어렵기 때문에 자본주의의 미래는 관료주의에 의해 지배받게 된다. 인간세계의 미래는 결국 관료들에게 지배받는 암울한 관료화의 시대인 것이다.

> 일단 완전히 확립된 관료주의는 가장 파괴하기 힘든 사회 구조들 중 하나이다… 행정(administration)이 완전히 관료화되는데 반해, 지배 제도의 결과는 실질적으로 확고하다(Weber, 1978: 987). 미래는 관료주의의 시기이다(ibid, 1401)…

> 이 범세계적인 관료화라는 냉엄한 현실은 실제에 있어서 미래의 사회주의 제도를 완곡히 표현하는 것이며, 조직화와 협동경제의 표어와 기타 유사한 용어 뒤에 도사리고 있다….미래는 관료화의 시대가 될 것이다(베버, 1990: 345).

관료제는 일단 진행되기만 하면 다른 형태보다 우수한 조직 형태이므로 사회 전체에 퍼지게 된다. 더군다나 사회주의 사회는 사적소유와 시장의 폐지로 국가 관료제가 사회 모든 영역에서 전면적으로 등장한다는 점에서 자본주의보다 더욱 더 관료화된다고 할 수 있다. 베버는 사회주의를 사경제적 질서에 반대되는 것으로, 나아가 시장에 의존하는 것이 아니라 계획적으로 조직된 수요를 충족하는 것으로 파악하였다. 이러한 파악을 바탕으로 사회주의에서 계획을 담당하는 관료들은 지배세력으로 부각되며, 노동자들에 대한 착취는 소멸되지 않고 지속된다.

또한 사회주의는 노동자의 국가를 지향함에도 불구하고, 파업이 불가능하다는 성격을 가지는 등의 문제 때문에 노동자들의 국가에 대한 예속성을 오히려 증가시킨다.

> 사회주의는 넓은 의미에서 공익경제로 표현하는 것으로, 이 경제는 관리의 책임을 맡는 인민단체의 관료의 수중에 놓이게 된다...사회주의에서는 국가에 대해 파업이 불가능하게 되므로, 국가사회주의에 노동자의 예속성이 완전히 근본적으로 증대된다(Weber, 1978: 374-376).

사회주의에서는 마침내 관료가 전면적 지배세력으로 등장하게 되며 이들에게는 노동자들과 연대하고자 하는 마음이 존재하지 않고, 오히려 노동자들과 결별하려고 한다.

> 경제생산의 사회화는 궁극적으로 관료의 증대를 의미하며, ...경영에서

> 우위를 차지하는 것은 노동자가 아니라, 바로 또 완전히 전적으로 관료이다…노동자의 독재가 아니라 관료의 독재가 우선 진행되고 있는 것이다(Weber, 1978: 383).

베버의 관점에서 관료적 지배의 미래 확장(extension)은 사회주의이다. 사회주의 내에서 국가는 점점 더 거대해지고, 관료주의는 점점 더 강해지기 때문에 지속적인 관료 통치는 불가피하다. 사유 재산이 폐지되면 아무도 관료 정치의 권력을 제어하고 견제할 수 없기 때문에 관료화된 국가는 결코 약화되지 않으며, 국가 관료주의는 더 강해진다. 이러한 관료주의는 하위계급의 요구를 받아들일 아무런 동기나 이유가 없기 때문에 착취, 계급, 그리고 불평등은 사회주의 내에서 여전히 존재하게 될 것이다. 관료주의 장치로 둘러싸인 쇠우리(iron cage) 같은 현대 사회주의 조직의 관료주의적 본성으로 인해, 인간생활의 본질과 의미는 모두 사라지게 된다. 베버의 관점에서 결국 사회주의는 노동계급의 해방을 야기하지 않을 것이며, 프롤레타리아 독재 대신 국가 공무원의 독재(dictatorship of the officials) 혹은 욕구나 필요에 대한 독재(dictatorship over the needs)를 불러올 것이다(Feher, Heller and Markus, 1983). 이러한 관점에서, 관료주의는 사회주의 하에서 절대적인 독점권과 도덕성으로 새로운 지배/착취 계급이 된다. 관료주의의 이러한 '새로운' 계급은 자본주의 하의 부르주아처럼 탐욕스럽고 만족할 줄 모르는 계급이다.

## 4. 신고전파 사회학의 사회주의이론

사회주의라는 개념은 사실 '현실사회주의'라고 명명하는 것이 보다 바람직하다(Bahro, 1977). 이는 현실사회주의 사회인 중국, 북한, 쿠바, 베트남 등에서 마르크스의 예측과는 구별되는 특징들이 발견되며, 노동자의 입장에서는 트로츠키의 비판처럼 '타락한 노동자 국가(Deformed Workers' State)', 혹은 '국가자본주의'의 출현으로 인해 노동자가 국가의 주인이 되지 못하는 상황이 발견되기 때문이다. 이러한 현실사회주의 사회에서는 이념과 현실 사이의 괴리가 특히나 부각되는데, 이러한 점에서 100년 전에 수행한 레닌의 러시아 혁명을 진정한 의미의 사회주의 혁명으로 보는 것은 여러 가지 논란의 여지가 있을 수 있다. 생산력이 충분히 발전되지 않은 상황에서 농민에 의해 일국에 제한되어 수행되었던 러시아 혁명과 1949년 중국혁명은 순수한 사회주의 혁명이라기보다는 반제국주의, 반봉건적인 성격이 오히려 부각된다고도 할 수 있다.

과도기인 사회주의 사회에서 그 지향이라 할 수 있는 노동자국가의 성립에도 불구하고, 이를 진정한 의미의 노동자 국가라고 보기는 쉽지 않다. 프롤레타리아에 의한 독재(dictatorship of the proletariat)의 지향은 오히려 프롤리테리아에 대한 독재(dictatorship over proletariat)로 전락하여, 노동자가 아닌 다른 집단이 지배계급으로 부각 되었다. 아래로부터의 사회주의, 진정한 인민의 권력과 자율관리 확립으로서의 사회주의, 노동자계급의 자기해방으로서의 사회주의가 구현되었다고 결론내리기는 어려운 상황이다. 이러한 점과 관련하여 버라보이는 다음과 같이 언급한다.

> 사회주의에는 세 종류의 사람이 있다. 첫 번째는 사회주의를 건설하는 사람으로, 한 달에 5,000을 받는다. 두 번째는 사회주의 건설을 지도, 감독하는 사람으로 그는 15,000을 받는다. 마지막은 50,000을 받는 사람인데, 그는 아무 일도 할 필요가 없다. 그에게는 이미 사회주의가 완성되어 버렸다(1992: 128).

이러한 관점에 의하면 현실사회주의는 무계급 사회 또는 노동자들의 국가가 아니라 자본의 권력이 관료라는 새로운 계급에 의해서 대체되어 버린 새로운 형태의 계급사회로 변질되었던 것이다. 즉 자본주의 사회의 자본가 권력은 현실사회주의 사회에서 관료의 권력으로 대체되었던 것이다. 이와 같이 현실사회주의에서 새로운 계급이 나타나 지배한다는 신계급이론은 관료에 대한 논의(Djilas, 1957)와 지식인에 대한 논의(Konrad and Szelenyi, 1979)에서 잘 드러난다.

관료계급 이론은 그 출발점으로 소유권(property rights)의 두 가지 성격인 처분권(dispose)과 관리권(control)를 분리해서 논의한다. 사회주의에서의 관료들은 생산수단에 대한 직접적인 소유권은 결여하고 있으나, 생산 수단을 관리하고 통제할 수는 있는 권한을 갖는다. 이러한 관점에서, 트로츠키의 전통을 계승한 마르크스주의자(Cliff, 1964)들은 현실사회주의의 관료가 신자본가 계급으로 변질되었다고 주장하며, 현실사회주의는 결국 자본주의의 또 다른 형태인 국가자본주의에 불과하다고 비판한다. 즉 이러한 관료는 집합적으로 생산 수단을 관리하고 통제하면서 자본주의 하에서 부르주아가 수행한 지배계급으로서의 행동을 수행한다는 것이다(Lane, 1982: 130). 이러한 점에서 사회주의에 출현한 새로운 관료계급은 역사에 역행하여 자본주의를 복원시킨 계급이라 할 수 있다.

하지만 다른 관료계급이론을 주장했던 질라스(Djilas, 1957)는 관료들이 자본가계급과 동등하다는 주장에 이의를 제기한다. 질라스는 사유 재산의 제거(elimination)는 관료가 자본가계급과 똑같이 사적소유를 기반으로 통치하는 것을 불가능하게 만들었다고 주장한다. 그 대신 관료가 생산과 분배의 대부분의 측면을 통치하는 정치적 권력을 가지게 되었다고 주장하며 지배성격의 새로운 차이를 강조한다.

> 신계급은 그들이 보유하고 있는 행정적 독점권으로 인해 경제적 특권을 행사하는 사람들로 구성되어졌다(Djilas, 1957: 39).

이러한 시각에 의하면 현실사회주의에서 생산수단의 국유화는 사실 생산수단의 사적소유를 국가소유로 전환한 것에 지나지 않았다고 할 수 있다. 사회주의에서 공산주의로 발전하기 위해서는 생산수단의 국가소유를 사회소유, 즉 전인민의 소유로 전환해야 했으나, 현실사회주의에서는 국가에 귀속된 생산수단에 관리권을 가지는 일부 특권 계급이 존재할 뿐이라고 주장하는 것이다. 이러한 점에서 생산수단에 대한 국가소유와 사회소유는 분명히 구분된다. 물론 현실사회주의 사회에서 생산수단의 독점적인 사유화를 넘어서는 공공적인 성격이 나타났다고 볼 수도 있으나, 직접 생산과정에 참여하는 노동자들이 노동의 산물인 생산수단을 실질적으로 처분하고 통제하는 상황까지는 이르지 못했다(Fefer and Heller 1983). 국가소유는 인민에게 진정한 권력을 부여하는 실질적 민주화과정이라고 보기 어렵고, 그 결과 사회주의에서는 당과 국가가 모두 지배세력으로 변질되어버렸다. 물론 중국에서는 이러한 관료화에 대항하는 문화혁명이 발생하였지만, 그러한 민주주의에 대한 지향과 여러 실험에도 불구하고 실질적인 민주주의를 실현했다고 평가하기는 쉽지 않다.

현실사회주의의 불평등을 논의하는 이론 중에는 관료계급이론 외에도 지식인계급이론이 존재한다. 지식인계급이론(Szelenyi, 1982; 1987; Gouldner, 1979)은 "관료들의 권력의 배후에는 누가 있으며, 그 근원이 어디인가?"라는 문제를 제기한다. 그리고 현실사회주의에서 관료의 배후에는 문화자본을 소유하고 지식 권력을 가진 지식인 계급이 존재한다고 주장한다. 이러한 관점에 의하면 결국 사회주의혁명은 자본가의 지배를 받는 자본주의 사회에서 지식인의 지배로 그 지배의 성격이 바뀐 것이 불과할 뿐, 노동자가 새로운 지배계급으로 부각되지 못했다고 볼 수 있다. 지식인계급이론의 시조는 바쿠닌과 같은 무정부주의자였지만, 이를 보다 정교하게 발전시킨 것은 굴드너와 셀러니이다.

굴드너는 문화영역을 지배할 수 있는 '새로운 문화적 부르주아'라는 개념을 도입함으로써 마르크스주의의 생산수단 소유권에 관한 권력개념을 대체한다(1979: 21).

> …지식인들과 기술적 지식인들로 구성된 신계급 …이미 사회의 경제를 지배하고 있는 그룹과 경쟁에 돌입한다… 계급(classes)과 신계급제도(a

new class system)간의 새로운 경쟁은 천천히 발생되고 있다(Gouldner, 1979: 1).

젤러니(Konrad and Szelenyi, 1979; Szelenyi, 1982; 1987)는 새로운 지식인 계급으로 인해 노동계급이 소외와 착취를 경험하게 된다고 주장한다. 지식인들이 가지는 권력의 역할은 사회주의에서 그들이 계획 입안자의 위치를 점하게 되면서 드러난다. 시장이 결여된 사회주의 사회에서는 계획을 입안하는 역할이 매우 중요한데, 그 역할을 수행하기 위해서는 전문적 지식이 필요하다. 그리고 지식인들이 계획 수립을 위해 전문적 지식을 제공하는 역할을 수행한다는 것이다. 이러한 지식인 계급 이론은 셀러니의 헝가리 공공 주택 배당에 관한 경험적 사례 연구에 근거하는데, 그의 가설과는 다르게 노동자 계급에게 재분배되어야 할 주택이 오히려 지식인들과 같은 새로운 특권 계급에게 돌아갔다는 사실이 밝혀졌다.

이러한 사회주의의 특징은 자본주의와는 대조된다. 자본주의에서는 시장이 불평등을 야기하는 반면, 사회주의에서는 국가계획이 불평등을 야기한다. 자본주의에서는 시장의 실패를 극복하기 위해 국가부문이 개입하게 되지만, 사회주의에서는 오히려 국가부문의 실패를 시장으로 극복하게 된다. 이는 사회학자 데이빗 스타크(David Stark, 1986)의 거울의 비교(Mirrored Comparison)라는 개념에서 살펴볼 수 있다. 즉 자본주의와 사회주의는 각각 서로 거울을 통해 마주보고 있는 체제로 볼 수 있는데, 실제 왼손이 거울 속에서는 오른 손의 역할을, 실제 오른손이 왼손의 역할을 수행한다는 것이다. 사회주의에서 지식인 계급은 계획을 입안할 뿐만 아니라, 국가의 재분배과정에 깊이 관여하며 분배자체를 결정한다. 이러한 점에서 현실사회주의에서 '지식'과 권력은 매우 밀접한 관계성이 있다. 물론 현실사회주의에서는 당에 대한 충성 또한 중요한 요소이다. 셀러니의 신계급이론은 현실사회주의에서 교육과 지식 외에 당에 대한 충성이라는 또 다른 권력의 원천을 지적한다. 따라서 현실사회주의의 지배계급은 교육이라는 문화권력과 정치권력을 독점한 집단이라 할 수 있다.

현실사회주의 초반에는 레닌과 스탈린, 혹은 마오쩌둥과 같은 혁명적 활동가들이 집권하였고, 사회주의 제1세대 지배층인 혁명가 출신 관료들에게는 높은 교육기회가 결여되었었다. 그러나 제2세대부터는 경제성장과 생산력의 발달이라는 역할이 부여됨에 따라 지식인들이 지배세력으로 진출할 수밖에 없었던 것이다. 젤러니 역시 1960년대부터 지식인들이 본격적으로 지배계층으로 진출하였다고 주장하며, 제2세대들부터 부각된 지식인 권력을 주장하는 것이다.

## 5. 신고전파 사회학에서 탈식민사회학으로

고전사회학을 되새기려는 신고전파 사회학자들의 노력에도 불구하고, 고전사회학에는 피할 수 없는 문제점이 존재한다. 고전사회학자들은 19세기 서구 유럽에서 활동했던 백인남성들로, 그들의 시각에는 제국주의와 식민주의, 그리고 '문명화된 서구'와 '미개한 비서구'를 구분하는 시각이 존재한다. 이는 에드워드 사이드(Said, 1978)의 개념인

“오리엔탈리즘”으로 설명될 수 있다. 오리엔탈리즘은 비서구사회, 아시아 사회에 대한 연구들을 포괄하는 말로, 이러한 연구들 속에서 비서구사회는 서구의, 서구에 의한, 서구를 위한 비서구 사회로 표현된다. 즉, 인식의 주체는 철저히 서구이며, 비서구사회는 그러한 인식의 대상에 지나지 않는다는 것이다. 이러한 구도는 궁극적으로 문명의 ‘우리‘와 비문명의 ‘그들’이라는 양분논리와 권력관계의 반영이라 할 수 있다.

앞서 언급했던 고전 사회학자 중 한 명인 막스 베버(1976)는 『개신교윤리와 자본주의정신』에서 “왜 서구에서만 근대적인 합리적 자본주의가 출현할 수 있었는가?”라는 비교 사회학적 질문을 던지고 있다. 바꾸어 말하면, 이는 “비서구 사회들 즉, 유교나 힌두교 혹은 이슬람교가 지배적인 종교형태였던 아시아사회에서는 왜 근대적인 자본주의가 존재하지 못 했는가?”라는 부정적인 질문(negative question)이라 할 수 있다. 아시아 사회에서는 합리적 자본축적이 결여되어 있었으며, 합리적인 경제활동을 보장해줄 종교/윤리체계가 존재하지 않았다는 것이 베버의 설명이다. 이는 베버에게 아시아 사회가 서구사례의 특이성 증명을 위한 반증사례에 지나지 않았으며 연구관심이 온전히 서구사회에 있었다는 점을 보여준다. 베버는 아마추어 오리엔탈리스트였다. 비서구의 언어를 제대로 구사하지 못했기 때문에 1차 자료를 해독할 능력이 없었다. 하지만 이러한 점은 후대 사회학자들의 베버에 대한 평가에서 결코 중요한 점으로 부각되지 못했다. 이것은 과거 사회학자들에게 중국 혹은 아시아사회에 대한 몰이해와 자료부족이 그다지 큰 문제가 되지 않았다는 점을 보여준다.

사회주의 혁명을 기원하며 해방적, 실천적인 사회과학을 추구했던 마르크스에게도 오리엔탈리즘의 문제는 예외가 아니다. 마르크스(1978)의 아시아 사회에 대한 인식이 드러난 "인도에서의 제국주의에 관하여(On Imperialism in India)"라는 저작에서 그는 서구와는 구별되는 아시아 및 제3세계에서 혁명의 가능성에 대하여 상당히 부정적인 시각을 보인다. 즉 인도를 비롯한 아시아사회는 과거 서구 유럽 자본주의사회의 전자본주의적 모습을 보여주며, 서구 유럽 자본주의사회의 제국주의적 침략은 실제로 정체된 아시아 사회의 생산력을 증가시킨 혁명적이고 긍정적인 변화였다고 평가한다. 그 구체적인 실례로, 마르크스는 영국에 의한 철로건설과 교통, 통신 등의 경제하부구조 구축을 전자본주의적 아시아사회가 자본주의사회로 발전할 가능성을 열어준 혁명적인 변화로 해석한다. 따라서 서구의 '사명'은 낡은 아시아사회를 파괴하고 서구의 선진자본주의의 물질적 토대를 구축하는 동시에 비서구의 전자본주의 생산양식을 파괴하는 것이었다. 아시아 사회가 주체적으로 발전할 수 있는 잠재성이 결여되었다고 여긴 마르크스의 시각은 베버와 유사하게 서구 중심적이라 할 수 있다.[2] 다른 점이 있다면 베버는 서구와 비서구라는 공간적인 구도로 서구 중심적 사고를 반영했던 반면, 마르크스는 자본주의 생산양식 이전의 아시아적 생산양식을 상정하는 역사적인(시간적) 구도를 그리며 서구의 시각을

2) 마르크스의 경우에 서구자본주의발전을 비판적으로 생각했던 것도 사실이다. 하지만, 마르크스는 아시아사회가 서구 부르주아 자본주의문명에 대항할 수 있는 저항의 능력을 가졌다고 생각하지 않았으며 오히려 서구사회에서만이 진정한 사회주의 혁명이 일어날 수 있다고 생각하였다.

반영했다고 할 수 있다. 마르크스에게 진정한 혁명은 오직 생산력이 고도로 발달한 서구사회에서만 가능하며, 인도와 같은 비서구의 식민화된 아시아 사회는 서구에 비하여 상대적으로 저발전·정체된 사회였기 때문에 혁명이 불가능하다고 여겨졌다. 고전사회학자들 가운데 가장 급진적인 생각을 가졌던 마르크스조차 비서구사회의 '미몽'에서 깨어나기 위해서는 서구 자본주의 생산양식의 혁신성이 필요하다는 식민주의적 사고를 지녔던 것이다. 이는 최근 여러 사회학자들(Connell, 1997)이 지적한 것처럼, 사회학은 그 출발부터 서구 중심적 시각을 가져왔으며, 아시아사회에 대한 관심은 그 시작부터 결여되어 있었다는 점을 잘 보여준다.

최근 사회학 이론분야의 흥미로운 동향 중 하나는 탈식민주의 사회학의 부상이다. 에드워드 사이드, 스피박 등에 의해서 전개된 탈식민주의 논의는 문학, 역사학, 인류학 등의 분야에서 이미 심도 있는 논의와 새로운 연구 분야의 개척이라는 성과를 보였는데, 사회학 분야에서는 새삼 뒤늦게 주목받고 있다. 탈식민주의 사회학의 대표적인 저서 중 하나는 호주 출신 학자인 코넬(Cornell, 2007)의 『남부이론: Southern Theory』이다. 『남부이론』에서 코넬은 사회학의 초기부터 내재해있는 남성성, 식민주의, 그리고 유럽중심주의를 비판한다. 사회학은 성립 초기부터 유럽중심주의적 지향이 무척 강했는데, 이는 당시 유럽의 제국주의라는 시대상황을 반영하고 있다. 비서구 사회에 대한 관심은 사회학의 비교방법들이 초기부터 '결여의 비서구'를 상정하는 유럽중심주의적 시각을 지녔음을 보여준다. 사회학의 비교방법들은 사실 제국주의적 시각에서 비서구를 바라보던 시선으로부터 자유로울 수 없었던 것이다. 즉 사회학은 제국주의에 의해 생산된 문화적 산물이었으며, 세계의 식민화를 이해하고자 했던 하나의 문화적인 대응이었던 것이다. 탈사회주의 전환과정에서 마르크스와 베버를 되새기는 방식으로 이론적 기여를 한 신고전파 사회학의 공헌을 높이 평가하면서도, 비서구 사회 연구에서 서구이론이 가지는 서구중심성과 오리엔탈리즘의 문제 또한 심각하게 고려해야 한다. 이러한 점에서 사회주의 중국에 관한 사회학적 연구는 단순히 고전사회학 이론들의 기계적인 적용이 아니라, 그 이론들이 가지는 한계와 문제점에 대한 진지한 고민을 필요로 한다. 비서구 사회인 중국에서 사회주의 혁명이 발생하였다는 사실은, 마르크스나 베버 등 서구 고전사회학자들이 생각하기에 뒤떨어진 비서구 사회가 서구 자본주의 근대성을 극복하고자 대안적인 실험을 했다는 역설을 동시에 내포한다.

중국은 자본주의를 넘어선 사회주의 근대성의 실험장이었으며, 동시에 고전사회학자들이 지녔던 서구중심주의와 오리엔탈리즘을 되새기며 이를 비판적으로 고찰할 수 있는 공간이기도 하다. 이러한 점에서 중국은 탈식민, 탈서구적 근대성의 가능성과 한계를 진지하게 고민하는 사회학자들에게는 보배와도 같은 공간인 것이다. 또한, 중국에 대한 연구는 다수 초기사회학 연구의 기반이 된 유럽의 사례와는 다른 의미를 지닌다. 즉 중국에 대한 연구를 통해 유럽에 관한 이론과 담론들이 혹시 과도하게 일반화된 경향이 있지는 않은지 문제제기를 할 수 있다. 베버에 대한 앞선 지적과 마찬가지로 왜 자본주의 근대성은 서구 유럽의 특정 사례를 기반을 두었으며, 이를 준거로 다른 사례를 바라보는지, 혹 일부 서구 유럽의 사례를 과도하게 일반화한 것이 아닌지에 대한 고찰을 할 수 있다. 또한, 흔히들 자본주의 근대성의 일반화된 사례로 선정하는 유럽에 대한 경험적 연구 역시 지엽화(provincialize)할 수 있는, 모든 것을 아우르는 개념이 아닌 하나의 지역(사례)연구로 바라볼 수 있는 가능성이 생긴다. 더구나 동아시아라는 지역적 공간 속에서 자본주의 근대성과는 다른 대안적 근대성을 추구하였던 중국의 경험은, 우리 사회가 겪었던 자본주의 근대성을 되돌아보며 성찰할 수 있는 기회 또한 제공한다.

제 3 장

# 혁명이후의 또 다른 혁명

## - 문화대혁명의 경험

사회주의 중국은 현실 사회주의와 이념 사회주의 사이의 괴리를 보여주는 하나의 역설이자 모순이다. 생산력이 고도로 발전된 서구 자본주의 사회에서의 혁명을 예측했던 마르크스의 예상과는 달리, 생산력의 상대적 저발전 상황과 반제, 반봉건적 상황에서 수행된 중국의 사회주의 혁명은 어떻게 이해하고 평가되어야 할까? 중국 내부에서는 서구이론의 기계적인 적용이 아닌 중국의 구체적인 현실에서 출발해야 한다는 실사구시의 입장에서 혁명이 수행되었다고 이해할 수 있다. 반식민적 상황과 봉건주의 잔재가 남아 있는 중국의 특수한 상황에서 국민당으로 대표되는 관료자본주의 체제에 무조건 권력을 이양할 수는 없는 상황이었다. 이러한 맥락에서 노동자가 혁명의 선봉에 서면서도 농민 또한 주체가 되어야 했으며, 민족자산과 소부르주아가 연합하는 일종의 계급연합의 형태로 사회주의 혁명을 수행해야 했던 것이다. 즉 마르크스주의라는 원칙과 중국의 특수성이라는 상호간의 모순은 현재의 중국에도 아직까지 작동하고 있는 것이다. 이런 맥락에서 성립된 사회주의 체제에서 계급은 존재하는지, 계급투쟁은 지속하여야 하는지, 사회주의 사회의 관료화 경향에 어떻게 대처해야 하는지에 대한 지속적인 고민과 문제제기가 있었으며, 문화혁명 또한 이러한 맥락을 떠나서 이해하기는 쉽지 않다.

중국은 현재에도 자본주의의 생산성과 합리성을 도입하여 더욱 공고한 사회주의를 건설하는 중국특색의 사회주의를 지향한다. 이러한 맥락에서 이 장에서는 사회주의 중국의 특색이 극단적인 정치형태로 나타났던 문화대혁명 시기를 논의하고자 한다. 이러한 논의를 통하여 사회주의 중국의 특수한 역사적 경험을 이해하고자하며, 중국의 과거 사회주의 경험과 현재의 탈사회주의 과정 사이에 존재하는 연결과 단절에 대한 단초를 찾고자 한다.

## 1. 혁명이후의 혁명: 문화대혁명에 대한 이해

문화대혁명은 개혁개방 이전 중국 사회주의의 성격을 극명하게 보여준다. 현재의 중국을 이해하는 것은 중국의 과거 경험에 대한 이해 없이는 불가능하며, 문화대혁명에 대한 현재의 기억 또한 중국의 미래를 예측할 수 있는 하나의 실마리를 제공한다. 1921년 상하이에서 21명의 혁명가에 의해 조직된 중국 공산당은 1949년 이후 혁명세력에서 집권당으로 바뀌었으며, 중국 전역을 지배하는 전국정당으로서 사회안정 및 통제기능을 수행해야 했다. 과거 혁명가들의 임무가 반봉건적이고 식민주의적 지배체제에 대한 저항과 파괴였다면, 집권세력으로서 공산당은 전쟁으로 피폐해진 국가를 회복하고, 현대화, 공업화, 그리고 경제발전을 실현해야 하는 새로운 의무를 가졌던 것이다.

이 당시 접경 사회주의 국가였던 소련은 인공위성을 발사할 만큼 생산력이 발전한 상태였다. 하지만 농촌과 농민을 기반으로 민족해방투쟁을 수행하며 사회주의 건설을 했던 중국의 상황은 이에 비해 상대적으로 열악하였다. 따라서 경제 발전을 위해서는 공업화와 산업화 계획을 수립하고 이끌어갈 관료와 지식인들의 능동적인 역할이 요구되었다. 마르크스주의 언어로 설명하자면, 혁명 이후의 사회(post-revolutionary society)에서 생산력의 발전이 점차 시대적인 과제로 요구되기 시작한 것이다. 이러한 상황에서 저항의 무기로 사용되던 마르크스 사상이 지배이데올로기로 변화하며 현실사회주의(Socialism in reality)와 이념사회주의(socialism in theory) 사이의 괴리가 발견되기 시작하였고, 그 모순이 극명하게 드러난 시기가 문화대혁명 시기이다.

앞서 언급한 것처럼 중국은 사회주의 혁명을 통해 반봉건적인 청나라의 잔재, 일본제국주의의 유산, 그리고 국민당 중심의 관료자본주의 잔재 모두를 극복하고자 했다. 이러한 과정에서 계급의 존재, 계급투쟁, 사회주의 사회의 관료화 경향에 대한 지속적인 고민과 문제제기가 존재했다. 문화대혁명을 제대로 이해하기 위해서는 다음과 같은 시대적 배경에 대한 이해가 필요하다. 첫째, 당시는 과도기로서의 사회주의(socialism as transitional stage between capitalism and communism)에서 어떻게 혁명의식을 유지하고 인민의 자발적인 참여를 이끌어 낼 수 있는가에 대한 고민이 극단적으로 나타나기 시작했던 시기이었다.

두 번째, 문화대혁명 시기는 서구의 사상인 마르크스주의를 어떻게 비 서구 사회인 중국에 적용할지 고민하던 시기이기도 하다. 마르크스에 따르면 혁명은 생산력이 고도로 발전된 서구에서 발생해야 했지만, 실제 혁명은 반봉건/반식민이라는 저발전 상황에 놓인 사회에서 발생하였다. 서구 이론의 구체적인 적용과정에서 나타나는 모순과 문제점들에 대한 해결방식을 고민하던 시기이었다.

세 번째, 미시적인 행위자 수준에서 사회주의적인 인간은 도대체 무엇이고, 자본주의나 봉건주의적 인간과는 어떻게 구분되는지에 대해 질문을 하고 그 대답을 찾던 시기이었다. 혁명 이후의 사회주의 사회에서 정상적으로 살 수 있는 기준은 구체적으로 무엇이고 이는 자본주의적 인간과는 어떤 차별성이 있는지를 보여주어야 했던 것이다.

그렇다면 이 당시 사회주의 혁명이후의 또 다른 제2차 혁명은 왜 문화에서의 혁명이어야 했는가? 다시 말해, 이전의 혁명이 생산관계와 계급구조의 재편성을 시도한 하부구조 차원에서의 혁명이었다면, 왜 사상과 문화라는 상부구조 차원에서의 혁명이 뒤이어 필요했는지에 대한 문제제기이다. 중국의 맥락에서 사회주의 혁명이 반제국주의, 반봉건주의의 성격을 가지면서 부르주아에 기반을 둔 국민당 세력에 대항하는 '경제자본'에 대한 혁명이었다면, 혁명 이후에 발생한 문화혁명은 정치적이고 문화적인 관료집단의 '문화자본'에 대한 혁명이라 할 수 있겠다. 이러한 점에서 관료화의 대안으로 부각된 것은 '군중노선'으로서, 이는 군중을 존중하며, 믿고, 의존하며, 군중으로부터 공부하자는 슬로건이었다. 따라서 당시 지식인과 관료는 비판의 대상이 되었으며, 문화대혁명은 노동과 교육을 결합시켰던 상부구조 수준의 새로운 혁명이었다. 이는 생산력이 상대적으로 저발전된 상황에서 생산력 발전에 전념할 때 발생하는 관료화 문제를 해결하기 위한 방식이었다. 또한 앞 장에서 논의했던 사회주의 사회에서 새롭게 등장하는 관료와 지식인이라는 신계급의 특권을 어떻게 견제하고 좀 더 평등한 사회를 건설할 수 있는지의 문제이기도 하였다.

이 시기 공산당원 수는 점차 증가하여 1949년에는 120만에 이르게 되었고, 1961년에는 1700만에 이르게 되었다(이홍영, 1979). 이처럼 공산당의 팽창에 따른 당원 수의 증가와 이로 인한 관료화는 중국 사회주의의 문제로 부각되기 시작하였다. 관료화의 가장 큰 문제는 사회주의가 원칙으로 하는 노동자, 농민의 국가라는 지향을 벗어나 관료가 대중으로부터 분리된 새로운 지배계급으로 등장한다는 사실이다.

당시 중국은 상대적으로 발전되지 못한 생산력을 발달시키기 위해 공업화, 산업화를 필요로 하였으며, 이를 이끌어갈 사회의 엘리트층, 즉 국가의 발전계획을 만들고 이끌 관료/지식인이 필요했다. 이는 자연스럽게 엘리트주의와 관료제의 문제를 야기했으며, 이념적으로는 생산관계 차원에서 계급투쟁을 강조하는 마오쩌둥과 생산력을 강조하는 유소기 사이의 대립으로 나타나게 되었다. 이들은 사회주의 발전에서 대조적인 입장을 표명하는데, 이를 정리하면 다음과 같다.

〈표 3〉 중국 지도자 마오쩌둥과 유소기의 노선대립

| 인간우선 | 생산력우선 : 낙후된 생산력을 선진적으로 발전 |
|---|---|
| 이념적 자극과 계급투쟁의 지속 | 계급투쟁의 종결 (사회주의의 승리) |
| 군중노선 | 선진적 정당/엘리트주의 |
| 교화된 정치력 | 과학기술교육 |
| 군중노선 | 당 내부 노선투쟁 중요 |
| 일선은퇴 | 등소평과 더불어 실세부각 |
| 정치우선 | 경제우선, 물질적 인센티브 필요, 유물론 |

출처: (이홍영, 1979: 19-31)에서 재구성

즉 혁명 이후의 '관료화' 경향과 관료라는 새로운 지배계급(new class)의 등장은 중국 사회주의가 새롭게 마주한 도전이었다. 이론적으로 불평등은 사회주의 혁명에 의해 소멸되어야 했지만, 새로운 형태의 불평등의 가능성이 나타나 오히려 자본주의로의 회귀라는 위험성을 보여준 것이었다. 물론 새로운 불평등은 시장이나 자본에서 비롯된 경제적 불평등이라기보다는, 국가 관료에 의해 초래되는 다분히 정치적이고 문화적인 성격을 지닌 것이었다. 사실 지식인과 관료가 새로운 지배계급으로 대두되었던 현상은 마르크스주의가 가지는 근본적인 계몽성의 한계를 보여주는 것이다. 예컨대, 이는 과거 혁명에서 계몽의 주체 중 하나였던 지식인들이 문화대혁명 시기에는 계몽의 대상이 되었던 역설과 모순을 보여주는 것이었다.

이 시기에는 혁명 이전과 달리 사람들을 어떻게 새로운 사회 건설에 동참하도록 이끌 수 있을지가 큰 과제로 남게 되었다. 사회주의 혁명의 성공 자체가 불평등의 완화나 계급갈등의 소멸을 의미하지는 않았으며, 마오쩌둥이 언급한 것처럼 혁명은 결코 끝나지 않는 전투이기에 혁명은 계속되어야 했기 때문이다.

언급하였듯이 중국 역시 관료주의화로 인해 혁명 이후 새로운 종류의 불평등이 등장하였고, 이는 봉건적 · 자본주의적이었던 혁명 이전의 불평등과 달리 관료 및 지식인이라는 신계급으로부터 비롯된 것이었다. 혁명 이후 지식인들은 중국의 권위적 지배 엘리트로 공고한 위치를 얻었으며, 이들 또한 관료주의화의 혜택을 받아 초기 사회주의 발전 과정에서 특권을 누리게 되었다. 몇몇 논자들은 혁명 이후 공산당의 양적 팽창과 관료주의화는 중국사회주의가 그 초기 혁명적 정신과 추진력을 잃어버렸다는 사실을 보여준다고 지적한다(Spence, 1990: 603).

그 결과 생산력의 발전과 경제개발을 추구하던 관료와 지식인들이 '주자파'로 비판받았으며, 생산력이 아닌 생산관계에서의 계속적인 혁명과 계급투쟁을 강조하게 되었던 것이다. 계급투쟁과 혁명에 대한 강조는 적성(redness)을 유지하기 위한 사상교육과 이데올로기의 중요성을 강조하게 된다. 이 당시 과거의 네 가지 오래된 사상들, 즉 구문화, 구사상, 구풍속, 구제도가 타파의 대상이었으며, 자본주의로 체제를 바꾸는 일체의 시도들은 수정주의로 비판받게 된다. 따라서 금기사항은 일체의 반동, 반혁명, 반당 행위들이었다.

## 2. 한국에서의 문화대혁명 연구[3)]

한중수교이후 지난 25여 년간의 연구기회와 사회주의 사회에 대한 지대한 관심에도 불구하고, 한국 사회학계에는 중국을 심도 있게 연구해 온 사회학자들이 그다지 많지 않다. 지나친 이론적 추상성을 극복하고 풍부한 경험적 자료에 기초해 현지조사를 진행해온 학자로는 백승욱, 장영석 두 연구자 정도가 대표적이라고 할 수 있다.

중국 노동연구와 관련하여 두 연구자들은 사회학계를 포함한 여러 중국 연구자들 사이에서 선구자적 위치를 차지해왔다. 한국에서 수행된 중국 연구는 경제학과 정치학을 중심으로 한 문헌연구와 설문조사식 통계연구가 대부분이다. 이러한 연구들은 문헌자료나 통계자료를 통하여 거시적 사회변동 및 중국의 당이나 국가 정책변동을 다루면서, 단지 피상적 사실만을 나열하거나 서술하는 경우가 많았다고 할 수 있다. 하지만 두 연구자는 중국 연구에 새로운 대안적 방법론의 가능성을 보여준다.

> 한국에서의 중국연구가 한정된 틀이나 중국이 내세우는 공식적 견해를 되풀이 하는 방식을 벗어나 새로운 연구의 출로를 찾아가는 데 우리의 공동 작업이 다소 기여했으면 하는 바람이다(백승욱 편, 2007: 11).

이러한 중국 연구서는 국가제도와 정책의 이면에 숨어있는 미시적

---

3) 이 부분은 필자(2008)의 "기억의 정치를 통한 중국 사회주의의 과거와 현재의 만남"을 수정 및 재구성하여 작성되었다.

행위자들의 목소리를 실감나게 전달함으로써 기존 연구에서 찾아보기 힘든 중국 사회의 모습을 구체적으로 보여준다. 특별히 『중국노동자의 기억의 정치』(백승욱 편, 2007)에 인용되는 베이징, 상하이, 따리엔, 충칭, 상판 등 다섯 도시의 87개 녹취 사례는 앞으로도 수많은 논문이 배출될 수 있는 귀중한 자료들을 담고 있다고 생각한다. 이는 현재까지의 중국 연구 수준을 한 단계 높이는 가치 있는 학문적 작업이다. 장영석의 논문 중 노동자의 발언을 인용한 부분을 하나의 예로 살펴보자.

> 문화혁명 때 노동자가 주인이 된다고 했지만, 사실대로 말하면 지식분자가 주인이었다. 노동자가 정말 지도할 수 있었겠는가?(백승욱 편 중 장영석의 논문, 2007: 106)

이 언술은 중국사회 연구에 있어 문헌연구나 통계연구로는 발견하기 어려운 귀중한 정보가 구술녹취를 통해 밝혀졌음을 보여주고 있다. 이 연구는 중국을 연구하는 국내외의 많은 사회과학연구자들이 현지조사를 하면서 느끼고 부딪치는 '문화혁명'이라는 거대한 역사적 사건과 그 유산에 대한 체계적이고 본격적인 연구라고 할 수 있겠다.

또한 이들의 지시는 중국 사회주의 성격 규명을 위해 필수라고 할 수 있는 핵심적 경험 세계를 체계적으로 관찰한 연구인 동시에, 서로 상호보완적인 관계에 놓여있기도 하다. 백승욱의 『문화대혁명』(2012)이 과거 중국의 사회주의 역사를 중요한 사건을 위주로 다룬 개론적 연구라면, 백승욱 편의 『중국노동자의 기억의 정치』는 현재 및 과거에 대한 연구를 결합하여, 중국의 사회주의적 과거와 신자유주의적 현재 사이의 경험을 노동자들의 언어로 풀어내는 매우 심도 있는 연구라 할 수 있다.

백승욱의 저서들은 각각 독특한 형식의 사회과학적 글쓰기의 가능성을 보여준다. 먼저 백승욱의 『문화대혁명』은 개론적이고 대중적인 수준에서 쓰인 문화혁명 소개서이다. 이 책은 문화대혁명이라는 특정한 역사적 사건을 다루고는 있지만, 총론적인 성격이 강한 덕에 청소년이나 학부학생들도 이를 통해 문화대혁명을 쉽게 이해할 수다. 또한 『중국노동자의 기억의 정치』는 우리 사회에서 수행된 중국에 대한 사회과학적 연구 중 가장 높은 수준의 역량을 보여주는 것으로 여겨진다. 그 이유로는 이 연구가 학제간 연구의 가능성, 국가간 협력의 가능성을 보여주었기 때문이다. 예컨대, 사회학에는 백승욱, 장영석, 중국정치에는 안치영, 이희옥, 장윤미가, 중국현지 전문가로는 다이지엔종, 통신 등이 협력하여 다양한 학제, 국가 간 협력의 가능성을 보여주고 있는 것이다.

> 문혁은 중국에서 발생했지만 문혁 연구는 중국 외부에 있었다는 말처럼 종래의 문혁연구는 주로 중국 외부에서 이루어졌다(백승욱 편, 2007: 40).

또한 저자들은 그 동안의 문화대혁명연구가 대개 학생과 지식인, 또는 권력 상층부의 파벌투쟁에 초점을 맞춘 반면 노동자를 중심으로 한 연구는 별로 없다고 지적한다. "…노동자, 농민과 정부기관 및 군대까지 포함하는 부문별 대중운동에 대해서는 연구가 시작되기는 했지만 여전히 초보적인 단계에 머물러 있다고 할 수 있다."(백승욱 편, 2007:59) 이것이 문화대혁명에서 노동자를 연구해야 하는 중요한 이유 중 하나라고 피력하고 있다(백승욱 편, 2007: 79). 즉, 노동자에 대한 기존 연구가 매우 부족하다는 점에서 그의 문제의식이 시작되는 것이다. 물론 기존 연구에서 충분히 다루지 못한 논의는 연구의 한 출발점이 될 수 있을 것이다. 하지만, 저자들의 연구 방법인 구술사와 기억의 문제, 노동자 집단이라는 하부주체, 그리고 이들 목소리의 전달과 재현(representation)이라는 주제는 좀 더 수준 높은 논의를 필요로 한다. 구술사라는 방법론은 문화 혁명을 중국 정부나 미디어의 공식 문건에 의거하여 재구성하는 것이라기보다는, 그 시대를 살았던 노동자들 개개인의 삶의 경험과 이에 대한 기억에 의거하여 재구성하는 것이다. 따라서 앞으로 그 학문적 의의를 보다 자신 있게 드러내는 것은 어떨까 하는 생각이 든다. 예컨대, 중국이라는 사회주의 사회에서 이데올로기의 역할과 이에 따른 하부주체의 동의가 창출되는 과정에서 노동자들의 구술사가 구체적으로 어떠한 이론적 · 방법론적 의의를 가지는지 보다 진지한 논의가 필요한 것이다.

중국 노동연구에서 이론적 논의는 '기억의 장치'를 심도 있고 체계적으로 이해하는데 도움이 될 수 있다. 저자들의 논의에서 분명하게 드러나듯 최근 노동자들의 기억에 대한 관심은 이들의 기억이 중국 당국의 공식적 입장과 상당히 대조적이며, 개혁의 진행 방향과 구분되는 '반헤게모니적'이고 비판적인 기억이라는 점을 보여준다. 시장화와 대량해고, 증가하는 빈부격차와 만연한 부패와 같은 사회 현실과 대조되어 노동자들은 오히려 문화대혁명을 다분히 긍정적으로 기억하고 있는 것이다. 과거에 대한 노동자의 기억이 긍정적이지만 현재에 대해서는 비판적, 반헤게모니적이라면, 다른 방식의 기억도 가능하다는 문제를 제기할 수 있다. 즉, 아래로부터의 (노동자들에 의한) 반헤게모니적 기억이 가능하다면, 위로부터의 (국가 관료 등에 의한) 헤게모니적인 기억도 가능할 것이다. 문화혁명에 대한 사회집단별 다양한 기억의 가능성이 체계적으로 정리되고, 동시에 이론적 논의와 함께 덧붙여진다면, 노동자들의 기억을 분석적으로 위치시키는 데 도움이 될 것이다. 구체적인 예를 들면, 1989년 천안문 사태 당시, 등소평을 비롯한 고위 정치 지도자와 관료들을 향한 학생들의 시위 방식은 문화혁명 식 해결 방법, 혹은 제2의 문화혁명을 연상시켰다. 이처럼 문화대혁명을 연상시키는 폭력성, 무질서에 대한 부정적인 기억은 결국 정부가 천안문 사태를 폭력적으로 탄압하는 구실을 제공하였다. 문화혁명에 대한 부정적인 기억은 질서와 안정성을 강조하는 현재 중국의 일부 집단에 경향적으로 드러난다.

또한, 문화혁명에 대한 올바른 기억 혹은 사실적인 재구성이 가능한지는 방법론적으로 논쟁의 여지가 남아있다. 왜 이러한 '기억의 정치'에 대한 이론 및 방법론적 배경과 설명이 필요한 것인가? 사실 기억 자체는 개인들에게 다양할 수 있고, 자기 모순적이거나 선별적일 수 있다. 기억 자체는 사실의 재구성이자 재생산이며, 이는 망각이라는 이면을 포함하는, 사회적으로 구성된 과정인 것이다. 또한 기억은 현재 상황에 따라서 그 이미지와 재현, 서술의 방식이 바뀌기도 한다. 따라서 기억의 정치를 일관성 있게 일반화하여 서술하기는 결코 쉬운 일이 아니다. 백승욱은 다음과 같이 지적한다.

> …외국에서의 활발한 문화혁명 연구도 근본적으로는 새롭게 발견된 중국문헌에 의존하고 있기 때문에 지방노동자들의 실질적 기억을 충분히 반영하지는 못했다(백승욱 편, 2007: 167).

『중국노동자의 기억의 정치』에서는 지역적 차이에 기반을 두고 노동자들의 기억을 서술하며 문화대혁명 당시의 역동성을 부각시키고 있다. 이처럼 중국을 단일한 개체가 아닌, 지역적 차이를 보이는 다양한 개체라는 것을 부각시킨 것은 이 연구가 가지는 또 하나의 커다란 학문적 공헌이라 할 수 있겠다. 대부분의 사회과학적 연구가 중국의 분석에서 일반적이고 상상적인 수준에 그친다고 한다면, 다섯 도시의 지역적 차이를 부각시킨 점은 이 연구의 가장 큰 강점이라 하겠다.

> …우리의 조사가 끝이 아니라 이제 겨우 시작의 수순을 밟고 있다는 것을 깨닫게 되었다. 우리가 모은 자료를 포함해 앞으로 여러 자료를 활용하여 문화대혁명 시기와 노동자들의 기억에 대한 연구를 계속 수행해 나갈 계획이다(백승욱 편, 2007: 11).

## 3. 외국에서의 문화대혁병연구: 공산주의 신전통주의 (Communist Neo-Traditionalism)

문화대혁명의 특징을 가장 잘 드러낸 해외 저자 중 하나는 미국의 사회학자 앤드류 월더(Andrew Walder, 1986)의 공산주의적 신전통주의(Communist Neo-Traditionalism) 개념이다. 그 정치학자 켄 조이트(Ken Jowiit)가 소개한 신전통주의라는 개념을 도입해 문화혁명 시기의 특징을 중국 기업에서의 노동자와 상급자 간 노동관계, 그 속에서 발견할 수 있는 권위의 모습을 통해 논의한다. 공산주의적 신전통주의 개념은 개혁개방 이전 중국의 사회주의적 질서를 가장 분석적으로 엿볼 수 있는 개념이기도 한데, 이는 자본주의적(시장)이지도 않고 전근대적 전통주의도 아닌 사회주의 국영 기업에서 발견되는 사회관계를 의미한다.

월더는 그의 저서에서 개혁개방 이전의 중국을 크게 세 가지 특징으로 나누어 논의한다. 그 첫 번째는 잘 알려져 있는 단위제에 기반을 둔 복지체제이다. 두 번째는 월더의 창의적 공헌이라 할 수 있는, 노동자와 관리자 사이의 관계를 특징짓는 조직적 의존성(organizational dependence)이다. 그리고 마지막 세 번째는 마오쩌둥 사상에 기반을 둔 정치교육이다.

### 1) 단위복지체제

중국은 사회주의 혁명을 통하여 도시의 노동자 계급에게 '국가의 주인'이라는 특권적 자리를 부여했다. 또한 사회주의 원칙에 입각하여 '높은 고용, 저 임금, 높은 복지'라는 슬로건 아래 도시 노동자들에게 '단위' 차원의 복지를 제공하였다. 노동자들이 혜택을 입었던 법률 중 하나는 바로 노동보험법이었다. 1951년에 시행된 이 법은 노동자들에게 복지 혜택과 보호를 제공하는 것이 목적이었고 노동자들은 복지서

비스의 수혜자가 되었다.

중국에서 단위란 생산을 중심으로 하는 경제공간인 동시에 노동자의 일상과 가족까지 포괄하는 소비와 주거의 공간이기도 하였다. 이처럼 중국 도시 노동자의 모든 삶은 단위와 관련 있다고 해도 과언이 아니다. 중국 국영기업은 사회주의 노동 조직으로서 노동자들에게 안정적인 직업, 훈련, 거주, 의료, 연금, 육아와 더불어 자녀 교육 같은 다양한 종류의 복지를 제공했다. 뿐만 아니라 국영기업은 배우자나 자식의 일자리를 제공하기도 하였다. 왈더는 단위체제 하의 노동관계를 다음과 같이 설명한다.

> 공산주의 경제에서 국영 기업에 의한 고용은 근본적으로 시장에 기반을 한 경제적 관계가 아니라, 국가에 의해 제공되는 복지제도이다. 이러한 복지제도에 기반하여 사회주의 노동자의 정체성이 공고화 되는데, 이에 따라 국영기업들은 건강보험, 연금, 의료서비스 등을 제공하게 된다. 그 이외에도 자금 대출, 각종 보조금, 음식, 그리고 교육까지 제공되며, 이는 사회주의에서 기본적인 노동자의 권리이다(Walder, 1986: 16).

노동자들의 인진고용과 평생고용에 기반을 둔 복지는 흔히 단위복지제도 혹은 '철밥그릇'이라고 불렸다(Perry and Lu, 1997). 중국 도시 노동자들은 사회주의 체제의 혜택을 받은 집단으로서, 이들에게 복지는 단순한 서비스 이상의, 사회주의 국가성원으로서의 특권적 권리를 의미한다. 이 당시 노동관계는 시장에 기반을 두지 않았기에 실업이란 존재할 수 없었다. 가끔 해고가 발생해도 대개 일시적이기에 새로운 직장이 배정되곤 하였다. 월더의 자료에 의하면 당시의 노동관계 양상을 엿볼 수 있다.

> 성과가 없다고 해서 해고하진 않습니다. '해고'는 이론적으로 존재하지 않았고, 단위는 해고할 권리 혹은 임금을 삭감할 권리가 없었죠(Walder, 1986: 143).

때문에 중국이 단위사회주의라고 불린 것은 너무나도 자연스러운 일이었다. 개혁개방 이전 중국에서 복지는 완전고용에 기반을 둔 단위복지로 이해되었다. 단위는 노동자들에게 종신적 고용을 보장하고 사회 보장을 제공하는 생활의 공간이었다. 즉 단위는 흔히 '작은 사회'라고도 불렸고, 국가는 단위를 통하여 사회를 정치, 사회, 경제적으로 지배하고 통제하였다. 이 당시 사회주의는 곧 실업의 결여로 이해되었는데, 물론 이러한 단위복지가 사회구성원 모두에게 적용된 것은 아니었다. 단위복지는 주로 도시에 거주하는 국영기업의 노동자들에게만 제한적으로 해당되었고, 농촌지역은 자연스럽게 단위체제에서 배제되었다. 즉 복지의 기반은 단위조직과 더불어 도시호구제도에 기반을 둔 배타적인 성격을 가진 것이었다. 이 점에서 단위복지는 제한적이었고, 일반적으로 모두에게 적용되는 복지국가로 이해하기에는 한계가 있었다.

흥미로운 것은 노동자들이 반드시 그들의 능력에 의해 고용되는 것은 아니라는 점이며, 오히려 반대로 고용된 후 기술을 습득하기도 하였다는 점이다. 중국정부는 분배정책에 따라 적극적으로 일을 분배했으며, 사람들은 자신이 훈련받던 것과 관련 없는 자리로 배치되는 경우도 있었다.

### 2) 노동자들의 조직적 의존

개혁개방 이전 노동관계에서 자본주의적 시장관계의 부재는, 노동자들이 국가와 기업에 경제적으로, 사회적으로, 정치적으로 모두 의존하는 현상을 만들었다(Walder, 1986). 이러한 체제에서 노동자들은 개별적이거나 독립적인 존재가 아니라, 당과 단위라는 조직에 속하는 조직적인 인간이었다. 이러한 조직에 대한 의존성(institutional dependence)은 사실 복지체제 아래서 쉽게 제거하기 어려운 한 측면이기도 하다.

사회주의 체제에서 노동자들과 관리자들 사이의 관계는 단순히 자본/노동자 사이의 착취관계와는 다른 성격을 지니며, 노동자들은 그들에게 복지를 제공해주는 국가 단위에 의존 할 수밖에 없다. 중국 도시에서 '단위'는 외부세계로부터 노동자를 보호하는 따뜻하고 안전한 '온실'의 역할을 수행하였기에 어쩌면 이러한 의존성은 너무나도 자연스러운 현상이라 할 수 있다. 이 당시 중국의 노동자들은 경제적으로 기업에 의존적이었으며, 정치적으로는 정당지도자들에 의존적이었고, 개인적인 삶에서는 그들의 직속상관인 관리자들에 의존하고 있었다. 사회주의 사회에서의 조직적 의존성은 상관이나 관리자들과는 개별적 관계인 관씨를 형성해야 했으며, 그들에게 반대나 이의를 제기하지 않고 오히려 무조건적으로 복종하는 것이 의례와 습관으로 작동하였다

(Walder, 1983). 때문에 마르크스나 레닌의 기대와는 달리 사회주의 중국에서 노동자의 삶이 해방적이라고 하기는 어려웠으며, 노동자들은 그들의 생존을 위해 단위에 기대어 살 수 밖에 없는 제한적인 존재들이었다.

이러한 점에서 사회주의 사회에서의 권위가 자본주의 사회와 구분되는 특징을 지니며, 월더는 이를 의뢰인(client)과 보호자(patron) 사이의 관계로 정의한다. 사회주의 중국에서는 노동자와 관리자 사이에 수평적, 평등적 관계가 형성되었다기보다는 노동자의 조직적 의존성에 입각한 새로운 종류의 위계관계가 등장하였다. 이러한 종류의 단위에 대한 조직적 의존성은 정당/국가 지도자들이 정치적 권력을 행사할 수 있는 기반이 되었을 뿐 아니라, 시장적 상황에서 노동자의 순종과 동의를 이끌어내는 하나의 자극과 인센티브가 되기도 하였다. 당 국가는 단위에 의존하고 있는 개인을 손쉽게 통제할 수 있었던 것이다.

### 3) 마오시대의 정치 교육에 대한 강조.

앞서 언급했던 것처럼 단위는 복지기능을 수행하는 동시에 노동자들을 감시하고 지켜보는 정치적 기능으로 작동하고 있었다. 단위는 복지기관인 동시에 사회의 감시기관으로서, 정치적 행동과 언술에 대한 허용범위를 제한하고 금지하는 역할도 수행하였던 것이다. 집합적 공동체 내 개인에 대한 통제로 개인의 자유로운 사생활은 거의 불가능하였다. 물론 단위마다 중국공산당의 대표자가 파견되어 정치적 동원도 가능하였다.

1963년에는 사회주의 교육운동이 시작되어 인민들에 대한 문화, 사상교육이 강화되었다. 이러한 시대적 흐름아래 관료주의와 수정주의 그리고 자본주의파들이 끊임없이 비판받았으며, 올바른 사상에 입각한 계급투쟁이 다시 강조되었다. 이 당시 한번 '우파'로 낙인찍히면 강제노동을 당하거나 농촌으로 보내져 재교육을 받아야만 했다. 문화대혁명 당시 홍위병들은 구시대와 구사상을 대표하는 주자파 관료들과 지식인들을 신랄하게 비판하고 공격하였다.

이러한 종류의 정치적 감독과 교육은 劳动模范(모범직 노동자)라는 호칭을 통해 노동자들의 충성심을 이끌어내고자 하였다. 마오쩌둥 사상은 인간 의지의 자발성과 모범이 되는 영웅적 행위, 그리고 대중주의를 강조했다. 이 시기에는 단순한 경제적, 효율적, 기술적 능력이 아니라 정치적 열의와 혁명정신 그리고 당에 대한 충성이 중요하였다.

단위복지체제에 대한 대가로 노동자들은 정치 교육과 사상 공작(思想工作)에 참여해야만 했다. 단위복지가 국가가 제공했던 하나의 보상이었다며, 그 보상에 대한 대가는 당과 국가, 그리고 간부에 대한 복종과 충성이었던 것이다. 앤드류 왈더는 그의 노동자 인터뷰에서 다음과 같이 지적하였다.

> 만약 누군가 일을 잘 못하면 그들은 그 일에 대해 교육을 해야 했지요. 그건 공산당 조직의 일이었어요. 그들은 만약 사상이 건전하며 일도 잘 할 수 있다고 생각했어요. 만약 일을 잘 못한다면 그건 사상에 일종의 문제가 있는 거였지요....(Walder, 1986: 108).

> 그 당시 정치적 문제 때문에 쫓겨난 사람들이 많았죠. 이런 사람들은 보통 감옥이나 강제노동수용소에 가게 되었죠. 그 당시 잘못된 노동에 대한 치료는 교화교육이었습니다(같은 책, 143).

문화대혁명 당시 정치, 사상 공작(思想工作)에 대한 강조는, 당을 따라 올바른 사상을 가진다면 경제적 계급관계에 상관없이 누구라도 노동자 계급이 될 수 있다는 모택동 사상에서 비롯된 것이다. 이는 적절한 정치적 행위 표현과 올바른 사고방식에 복종해야만 보상이 돌아오는 시스템인 것이다. 따라서 좋은 노동자란 당의 올바른 정치사상을 따르고, 헌신적 태도를 보이며, 단위의 정치교양 수업시간에 모범적인 태도를 보이는 노동자였다. 이러한 활동은 단위 내 당원들에 의해 기록, 감시, 감독, 지시, 촉진되었다.

## 4. 영화 〈인생〉으로 이해하는 문화대혁명

중국의 문화대혁명에 대한 가장 유명한 예술작품 중 하나는 장이모(張藝謀) 감독의 1994년 영화 〈인생 (영어: To Live)〉이다. 영화 〈인생〉은 위화(余華)의 소설 『산다는 것(活着)』을 원작으로 제작된 것으로 1940년대부터 문화혁명시기까지의 개혁개방 이전 시대의 중국 사회에서 살아가는 인민들의 모습이 잘 묘사되어 있다. 국공내전과 해방, 대약진운동, 그리고 문화대혁명이라는 격동기를 살아가는 주인공 복귀(福貴)와 그 가족의 경험 속에서 정치, 역사적 시대적 변화와 그

변화가 평범한 인민에게 미친 삶의 변화를 생생하게 보여주는 작품이다. 영화 〈인생〉에 사용된 기법은 흔히들 '서사적 리얼리즘'(김언하, 2008)이라고 하는 데, 1940년대, 50년대, 60년대라는 정치, 역사적 시대 배경은 사실적으로 묘사되었으나, 영화에 등장인물들은 허구적 인물들로 구성된다. 영화 속에서는 각각의 시대에 중국의 주요한 역사적 사건들과 사회갈등구조를 보여주며, 동시에 행위자들이 경험해야 했던 비극들도 찾을 수 있다.

주인공 복귀는 원래 부자의 아들로 태어났으나, 도박으로 가산을 당진하고 평민으로 몰락하고 만다. 그 이후 국민당 군대에 붙잡혀 국민당 병사가 되었지만, 인민해방군에 포로가 된 후 그들을 위해 그림자 인형극을 공연하며 공산당으로부터 혁명참가증명을 받는 등 인정을 받게 된다. 이후 가족들에게 돌아온(回家) 복귀는 평범한 인민으로 살아가며 대약진운동과 문화대혁명이라는 사회주의 중국의 격변의 시기를 살아가게 된다. "복귀"라는 행위자의 이야기에서 보여주는 바와 같이, 〈인생〉은 해방이전 → 국공내전 → 혁명 → 대약진운동 → 문화대혁명을 경험하면서 "나으리"라는 호칭을 받았던 구중국의 청년이 사회주의 혁명이라는 거대한 사회변환을 겪으면서 사회주의 체제에 이숙한 "사회주의적 인간"으로 재탄생하면 살아간다는 이야기이다. 단지 허구이 영화에 불과하지만, 어쩌면 사회주의 중국에서 "살아가는 것"은 역사와 시대에 맞추어 끊임없이 개종하며 재탄생해야 한다는 것을 보여주는 이야기이기도 하다.

영화의 첫 시기인 1940년대를 살펴보면 주인공 복귀는 부자인 아버지에 얹혀살며 노박으로 살림을 탕진하고 있었다. '나으리' 혹은 '도련님'이라는 호칭을 들으며 하인에 업혀 다니곤 하는데, 이 모습에서 사회주의 혁명이전의 봉건적 계급 질서를 엿볼 수 있다. 이러한 낡은 질서는 오래가지 못하는데, 복귀 또한 도박으로 그 재산을 모두 탕진하게 되며 아버지도 그 충격으로 사망하게 된다. '살아가는 것'이라는 영화 속에 행위자들은 역설적으로 비극적인 죽음을 맞이하는 모습을 보여주는데, 1940년대의 아버지의 죽음은 낡은 봉건적 질서의 몰락을 상징적으로 보여준다. 이후 복귀는 그림자 인형극 공연(皮影戱)을 하다가 국민당 군대로 차출되지만, 국공내전 속에 공산당 인민해방군의 포로로 그 지위가 바뀌어 지게 된다. 인민해방군에게 그림자 인형극을 공연하며 결국 혁명참가증명서까지 얻게 된다. 이 과정 속에서 영화는 전쟁 속에서 죽음으로 희생된 수많은 국민당 군인들의 모습을 보여주는데, 국공내전에서 패배하며 타이완으로 후퇴하게 된 국민당의 모습을 상징적으로 보여준다 하겠다. 1940년대는 격동의 시기로 복귀의 위치는 부자의 아들 → 평민 → 국민당 → 공산당으로 지속적으로 바뀌게 된다. 결국 이 시기에 살아간다는 것은 결국 끊임없이 변화하는 사회에 자신을 맞추어 간다는 것을 보여준다. 그 극단적인 사례는 복귀가 패전하는 국민당 군인으로 있을 때 찾을 수 있는데, 이때 복귀는 엄동설한에 얼어 죽지 않고 살아가기 위해서 죽어간 동료 군인들의 옷을 입고 그들의 술을 마시게 된다.

1950년대는 본격적인 사회주의 체제로의 전환의 모습을 보여준다. 즉 혁명이후 변화하는 사회의 모습을 관찰할 수 있는데, 토지개혁과 대약진 운동이라는 두 가지 역사적 사건을 경험하는 인민들의 모습을 보여준다. 토지개혁은 복귀의 예전 집을 도박 빚으로 대신 받았던 용이(龍二)의 사형을 가져온다. 복귀는 도박 때문에 집을 잃고 평민으로 재탄생하여 목숨을 유지할 수 있었지만, 빚 상환대신 집으로 보상받았던 용이는 반혁명 악덕반동지주로 몰려 사형되었던 것이다. 또한 이 시기는 사회주의 중국이 서구의 생산력 발전을 따라잡기 위해서 성장에 몰입했던 시기로, 철기증산정책으로 집집마다 철을 걷고, 마을 사람들이 모두 모여 공동 노동을 하는 모습을 보여준다. 집에 있는 철기를 모두 걷어가고, 마을에는 공동식당이 들어서게 되는데, 사적인 소유와 공간이 사라지게 되는 사회주의 사회의 모습을 읽을 수 있다. 복귀 역시 토지개혁시기 본인의 예전 집이 자신의 집이 아니라 반혁명분자의 집이라고 주장하며, 또한 반혁명분자라고 비판받을까 걱정되어 아들을 공개적으로 야단치는 모습에서 사회주의 사회에서 '정상적'으로 살아가고자 하는 사회주의적 인간의 모습을 보여준다. 하지만 복귀는 앞선 시기에 이어 다시 가족의 죽음을 경험하게 된다. 아들 유경(有慶)이 공산당 간부가 된 친구, 춘생(春生)의 실수로 교통사고를 당하여 사망하게 된다. 직접적인 죽음은 교통사고이지만, 〈인생〉은 이 시기 사회에 나타나고 있던 공산당 간부와 일반 평민사이의 잠재적 갈등구조를 상징적으로 보여준다. 복귀는 피곤한 아들 유경을 깨워 학교에 보냈다가 참사가 발생하였는데, 대약진 운동 당시 동원되어 지치고 피곤해진 인민들의 모습과 국가가 인민에게 가하는 폭력성의 모습을 암시적으로 보여준다.

1960년대는 문화대혁명의 시기로 복귀의 친구들이던 마을의 읍장과 춘생이 주자파(走資派)로 몰리게 되고, 복귀는 낡은 옛 문화의 유산인 그림자극에 사용하는 인형들을 태워버리게 된다. 한편 딸인 봉하

(鳳霞)는 노동자 계급 출신인 이희(二喜)와 결혼하게 되는데, 과거 개혁개방이전에 바람직하고 좋은 신랑의 기준이 돈이 아니라, '노동자'라는 계급배경과 올바른 혁명의식이었음을 보여준다. 또한 결혼과정에서 예물로 마오쩌둥의 어록과 배지 등이 교환되며, 결혼인사도 신랑, 신부가 인민복을 입고 마오쩌둥의 사진 앞에 먼저 하는 모습에서 개인숭배가 진행되고 있음을 알 수 있다. 하지만 이 시기 역시 다시 한번 복귀 가족의 죽음을 경험하게 된다. 출산을 앞둔 딸 봉하가 병원을 찾았으나, 병원은 학생들이 점거하고 있었으며 경험 많은 의사들은 반혁명으로 몰려 공개비판을 받고 있었다. 사위인 이희가 간신히 의사를 구해왔지만, 학생들 사이에서 출산한 봉하는 출혈을 멈추지 못해서 죽고 만다. 또 하나의 죽음을 통해서 〈인생〉은 문화대혁명 시기 역시 일반 인민들이 희생되는 비극의 시기로 묘사한다. 앞선 1950년대 관료주의라는 새로운 불평등이 출현했고 이를 제거하기 위한 시도에도 불구하고, 인민들은 끊임없이 고통 받으며 희생 받는 모습을 보여준다.

영화 〈인생〉은 '산다는 것'이라는 제목에도 불구하고 끊임없는 죽음에 관한 영화이다. 1940년대 아버지의 죽음을 통해 보여주는 구 체제의 몰락, 1950년대 아들의 죽음을 통해 보여주는 관료주의의 문제, 그리고 1960년대 딸의 죽음을 통해 문화대혁명 시기의 폭력성을 상징적으로 보여주고 있다. 이 점에서 사회주의 중국에서 살아간다는 것의 의미는 어쩌면 그림자 인형극의 인형들처럼 스스로 주인이 되지 못하며 정치적 환경과 운명 속에서 조정되는 모습과 유사하다고 해석할 수 있다. 개혁개방이전 사회주의 시기는 사회주의적 인간으로 살아가야 했으며, 스스로 자아를 실현하는 개별적이고 독립적인 주체가 되는 것은 매우 쉽지 않음을 보여준다.

## 5. 소결

과거 중국 사회주의에서 '단위'는 '철밥그릇'이라는 포괄적 복지와 노동자들의 조직적 의존성이 재생산되는 공간이자 정치적 · 사상적 교육의 장소가 결합된 공간이었다. 시장관계가 부재한 상황에서 단위는 노동자에 대한 권위를 거의 무제한적으로 통제하였으며, 노동자들의 운명과 일상을 지배하였다. 이것이 바로 왈더가 "현대의 중국 노동자계급은 정당-국가에 의해 형성된 산업화의 창조물"(같은 책, 84)이라고 주장하는 이유이기도 하다. 왈더가 묘사한 관리자와 노동자 간의 조직적 의존은 개혁 개방 이후 달라지기 시작했다. 개혁 이후 국영기업은 단위(單位)라는 복지기관에서 이윤과 성장을 추구하는 시장적 기업(企业)으로 전환하게 되었다. 21세기 중국에서는 과거 안정된 사회주의 복지의 특징이었던 '철밥그릇'에 기초한 완전고용이 사라져 갔고, 사회주의 체제에서 나고 자랐던 노동자들이 현재 불확실한 시장경제를 경험하고 있다.

개혁개방체제의 등장 이후, 세계적인 신자유주의화 흐름과 중국내부의 세대교체에 따른 탈사회주의의 모습이 보이기 시작한다. 단위체제에 기반을 둔 사회주의 복지체제는 이윤추구와 고속성장을 목표로 하는 시장기업체제로 바뀌었으며, 이것은 개혁개방시기의 가장 두드러진 특징인 실업과 정리해고를 야기한다. 또한 단위제의 붕괴에 따라 노동자와 관리자 사이의 정치적 의존관계가 무너지면서, 노동자들은 단위와 관리자에 의존하지 않는 자립갱생적인 삶을 추구하게 되었다. 하지만 과거에 만연하던 정치사상교육은 점차 그 중요성이 약화됨에도 불구하고, 완전히 사라지지 않은 채 오히려 시장경제 체제의 바람직한 행위와 윤리를 재생산하는 메커니즘으로 사용된다. 단위복지체제의 붕괴라는 탈사회주의적인 흐름에도 불구하고 사상교육이라는 사회주의적인 유산이 여전히 사라지지 않고 있는 것이다.

# 제 Ⅲ 부

# 탈사회주의 전환 속의 행위자들

제 4 장

# 노동주체의 탈사회주의화[4)]

1998년 4월 14일 중국 공산당 총서기 장쩌민(江澤民)은 사천(四川)성 중경(重慶)시 실업 노동자 장 선생의 집을 방문하였다. 장 선생과 그 부인은 모두 1990년대 중반부터 시작된 중국 국영기업의 대대적인 개혁으로 인해 일자리를 잃고 실업 노동자로 전락해있는 상황이었다. 다행스럽게도 부부는 친지 등의 물질적인 도움으로 조그마한 음식점을 꾸리며 근근이 살아가고 있었다. 현재까지 공산당이 유일정당이며 법률적으로 사회주의 국가라고 주장하는 중국에서 공산당의 최고 지도자와 실업 노동자가 만나는 이 순간, 중국 최고 지도자 장쩌민은 음식점의 영업상황에 대해 자세히 물어본 후 두 사람의 근면함과

4) 이번 장은 『한국문화인류학』 39(2)에 실렸던 「중국 실업 노동자들의 탈사회주의화 과정에 관한 연구」를 보완하여 수정한 것이다.

성실함, 특히 그들의 자립자족 정신을 칭찬하기 시작한다.

> 장 선생! 장 선생은 매우 훌륭하고 모범적이며 자립적인 실업 노동자입니다. 직장을 잃은 후 가정적으로 금전적으로 매우 어려웠을 터인데, 모두 다 이겨내고 성실하게 일하여 국가와 기업의 부담을 덜어주며 스스로 알아서 취업한(自謀職業), 아주 모범적인 노동자입니다. 현재 상황이 조금 어렵지만 앞으로의 미래는 무척 밝을 것입니다. 장 선생님과 같은 자립자족 정신이면 실업의 어려움은 능히 극복할 수 있습니다. 이는 다른 실업 노동자들이 마땅히 배워야 할 점입니다.[5)]

중국 사회주의를 특징짓던 '철밥그릇(鐵飯碗)'과 '평생고용'의 시기가 막을 내리면서, 현재 중국 사회에서는 대량의 실업자가 양산되고 있다(백승욱, 2003; 장영석, 2004). 세 사람이 할 수 있는 작업을 다섯 사람이 같이 행하던(五個人作三個人的工作) 과거 개혁·개방이전의 완전고용은 사라지기 시작했으며, 사회주의 시장경제 체제라는 명목 아래 거행된 정리해고로 인해 수많은 실업 노동자들이 거리와 시장으로 내 몰리고 있다. 현재 중국에서 실업 노동자의 규모를 측정하는 것은 거의 불가능하다고 할 수 있다(Solinger, 2001). 중국 통계연감에 나타난 공식적인 실업률은 1997년 이후 동일하게 3.1%를 유지하고 있다. 그러나 이것은 정리해고 노동자들을 포함하지 않은 수치로, 이들이 포함될 경우 실업률은 7% 이상이 될 것으로 보인다. 많은 전문가들

5) 이 이야기는 레이성(雷生)의 『下崗: 跨世紀的 中國課題』(北京: 中央民族大学出版社, 1998)에 나온 일화를 우리말로 재구성한 것이다.

은 이 경우 실업률이 7-10% 정도까지 오를 수 있을 것으로 평가하고 있다. 나아가 비공식 통계에 따르면, 실질적인 실업률은 30%에 육박하며 실업자 수는 3천만 명 이상이 될 것으로 여겨지고 있다(Solinger, 2001: 165-168).[6)]

사회주의 사회, 노동자 국가에서의 실업은 아이러니이다.[7)] 고전 사회학자인 맑스와 레닌에 따르면, 사회주의 사회는 이론적으로 노동자들의 전위정당인 공산당에 의해 지배되는 사회이며, 공산주의 사회로 이행하는 공산주의 초기 단계에 해당한다(Tucker, 1978). 따라서 사회주의의 원칙인 '노동에 의한 분배(to each according to their labor)'로부터 공산주의 사회의 원칙이 될 '필요에 의한 분배(to each according to their need)'를 지향하는 사회인 것이다. 중국헌법 1조에 의하면, 현재의 중국은 '노동자 계급이 영도하는 인민 민주주의 독재 사

---

6) 중국 통계자료는 많은 오류와 가정을 포함하고 있다. 개혁 · 개방 이전에는 공식적 통계들이 존재하지도 않았으며, 최초의 통계연감은 1982년에 처음으로 발간되었다. 실업 및 정리해고자들에 대한 통계는 1996년부터 공식적으로 보고되었으나, "Why We Cannot Count the 'Unemployed'"라는 Dorothy Solinger(2001)의 논문 제목과 같이, 중국의 실업에 대한 통계적 판단은 대단히 어려운 일이다.

7) 실업에 대한 중국의 통계가 모순적이며 신뢰하기 힘든 이유는 일차적으로 '실업' 개념의 모호함에서 기인한다. 실업 문제와 관련된 주요 개념인 '실업(失業)'과 '정리해고(下崗)'는 개념적으로 모호할 뿐 아니라 그 차이가 불분명하다. '실업(失業)'은 일반적으로 현 직위와 새로운 직장 두 가지가 부재한 상황이며, '정리해고(下崗)'는 실업의 경우에서와 같이 새로운 직장과 현 직위가 부재하되 현 직장과의 노동관계는 해체되지 않은 상태이다. 따라서 정리해고의 경우 이론상 현 직장과의 노동관계가 유지되며, 적은 규모의 생활 보조금과 기타 국가의 지원을 받게 된다. 그러나 이런 차이점은 다분히 제도적이고 이론적인 차원에서의 구분일 뿐, 실제 현실에서 실업자와 정리해고자는 별 차이를 경험하지 못한다. 본 논문에서는 이를 통칭하여 '실업'이라는 개념을 사용하되, 이 개념 안에는 정리해고 노동자들이 포함되는 것으로 한다.

회주의 국가'이다. 하지만 실제로 현재 중국에서 실업 문제는 매우 심각한 사회 문제로 인식되고 있으며, 국영기업의 개혁은 효율성과 생산성이라는 다분히 자본주의적인 시장 논리에 의해 진행되고 있다. 중국사회과학원의 조사(2003: 44-47)에 따르면, 실업 문제는 현재 가장 심각한 사회 문제로 부각되고 있고, 따라서 실업 문제에 대한 대안과 관련 사회 안전망을 구축하는 것이 중국 지도층에게 가장 우선적으로 요구되는 정책 과제로 여겨지고 있다.[8] 루쉬에이(陸學藝, 2002; 2004: 13)의 조사 결과는 실업 노동자들이 현재 중국의 10대 사회계층 중 최하층에 위치해 있음을 보여준다.

현재 중국 정부의 여러 정책들은 이들 실업 노동자들에게 실질적인 도움을 제공하기보다는, 사회주의 국영기업에서 노동자들이 가졌던 습관과 사상을 고쳐 자립갱생정신, 경쟁의식, 그리고 도전적인 기업가 정신을 전파하고자 하는 성격을 보인다. 이러한 배경 하에서 본 논문은 중국 도시지역 실업 노동자들의 재취업공정(再就業工程)을 통해 이들이 탈사회주의화 되는 구체적인 과정들을 살펴보고, 이 과정이 가지는 의의를 검토하고자 한다. 최근 중국의 탈사회주의적 변화과정을 연구하기 위해서는 이 배후에 존재하고 있는 국가에 대한 이해가 필요하며, 특히 국가 통치행위에 있어 감시와 처벌을 통해 작동하는 미시적 권력기제들에 대해 주목할 필요가 있다. 사회주의 사회에서의

8) 중국 사회과학원에서 발간하는 社會藍批書(2003: 45, 2004: 64)에 따르면, 2001년에서 2004년에 이르기까지 중국 인민들에게 가장 중요한 사회문제는 실업과 정리해고 문제이며 그 다음이 사회보장으로 나타나고 있다. 그 한 예로, 2003년의 경우 실업과 정리해고 문제가 52.9%이며, 사회보장은 32.1%이다.

개혁과 개방으로 나타나는 탈사회주의적 시장화, 상품화, 사영화 과정에서 국가의 복지 기능이 줄어들고 있긴 하지만, 그렇다고 국가의 역할이 완전히 사라진 것은 아니다. 탈사회주의화 과정에서 윤리적, 도덕적인 변화가 급속하게 이루어지면서, 사회적으로 정상적(normal)인 것과 비정상적(abnormal)인 것을 구분하는 새로운 경계 긋기와 배제가 국가의 미시적인 기제를 통하여 실행되고 있다. 본 논문은 탈사회주의적인 인간의 형성 과정을 통하여 중국의 개혁 · 개방 과정에서 급속하게 바뀌고 있는 '정상성'의 개념을 논의하고자 한다. 이와 더불어 시장 체제에서 모범 시민이 갖추어야할 윤리적, 개념적 기준은 무엇이며, 그것이 갖는 정치적인 함의가 무엇인지도 살펴볼 것이다.

이 연구는 2000년 가을부터 2001년 여름까지 북경, 천진, 심양, 장춘, 하얼빈에서 이루어진 현지조사와 2002년 여름, 2004년 여름, 2005년 여름에 중국에서 행해진 보충조사를 바탕으로 하여 이루어졌다. 현지조사는 실업 노동자, 전 · 현직 국가관료, 공장 매니저 등과의 심층 인터뷰를 포함하여 진행되었다.[9] 현지조사에서의 면접 대상자들은 본 연구자가 기존에 알고 있었던 미국, 홍콩, 한국 등의 연구자들과 현지에서 알게 된 연구자 및 동료들을 통해 '스노우볼(snow ball)' 형식으

9) 중국과 같은 사회주의 사회는 표면적으로나 제한된 문헌자료에만 의존하여 보았을 때는, 상상으로만 존재하는 기적적인 '유토피아'적 요소가 많지만, 실제 현지조사를 통해 직접 확인해보면 이 유토피아의 껍질 이면의 '디스토피아'가 발견되는 경우가 있었다. 유토피아라는 개념은 이상 사회라는 의미와 존재하지 않는 사회라는 두 가지 의미를 내포하고 있는데, 중국에 관한 자료들 역시 이러한 두 가지 의미와 해석들이 서로 뒤엉켜 있다. 공식사료나 선전 등에서 흔히 발견되는 이상사회로서의 유토피아는 사실 상 실제로는 존재하지 않는다는 점에서 두 번째 의미로 확인되는 경우가 종종 있다.

로 선정되었다. 물론 모든 면접 대상자들이 일관적인 대답을 한다거나 국가의 실업정책을 완벽히 이해하고 있다고 보기는 힘들다. 하지만 이러한 면접 과정을 통해서 현지조사 이전에 문헌자료로 익혔던 지식들의 한계를 뼈저리게 느낄 수 있었으며, 실업자 본인들이 실업의 경험을 어떻게 생각하고 표현하는지에 대한 일차적인 지식을 얻을 수 있었다. 사실, 본 연구자가 면접 대상자인 실업 노동자들의 시각과 의견을 대표한다는 것은 지나친 비약이며 무리한 시도일 것이다. 하지만 문헌자료에서는 느낄 수 없었던 실업 노동자들의 분노와 실망, 그리고 시장경제에 대한 두려움 등을 직접적으로 듣고 느낄 수 있는 기회를 가지고, 문헌자료에 다분히 과장되어 등장하는 실업 노동자들의 재활 성공스토리에 대해 비판적이고 균형적인 경험과 시각을 확보하게 되었다는 점에서 현지조사를 통한 본 연구의 의미는 크다고 할 것이다. 또한 국가 관료들과의 심층면접을 통해, 실업 노동자들의 비참한 현실에 대해 동정심을 가지면서도 궁극적으로는 실업 노동자들을 교화의 대상으로 여기고 국가 정책의 선진성과 합리성을 역설할 수밖에 없는 관료들의 한계를 논의할 수 있었다. 특별히 장춘시 노동국에서 조기정년을 당한 전직 관료와의 만남에서 국가 정책의 한계와 문제점에 대해서 현직 관료와는 다른, 보다 솔직한 이야기를 들을 수 있었다.

심층면접은 국가 관료의 경우 사무실이나 음식점에서, 실업 노동자의 경우 집이나 연구자의 학교 숙소, 음식점 등 다양한 장소에서 보통 한 두 시간에 걸쳐 진행 되었으며, 때에 따라서는 중국 현지 연구자가 동행하기도 하였다. 심층면접 과정에서 연구자가 제기하는 질문보다는 면접 대상자의 대답이 훨씬 중요하며, 본인들의 이야기를 어떤 언어로 대답하는가가 더욱 중요하다는 것을 느낄 수 있었다. 대부분의 실업 노동자들은 그들의 상황에 대한 일반화가 어렵다(情況不一樣)고 고백했으며, 일부는 국가 정책의 비효율성을 비판하며 연구자에게 재취업에 관한 실제적인 도움을 요청하기도 하였다. 현지조사 과정에서 연구자와 면접 대상자와의 관계(關係)는 매우 중요하다. 연구자와 면접 대상자 간의 라포(rapport)가 형성되지 않은 상황에서의 면접은 단순한 질문 · 대답에 그칠 뿐이다. 특별히 감정(感情)과 감각(感覺) 상의 인상과 친밀성이 요구되며, 면접 대상이 연구자와 장소에 대해서 편하게 느끼는 경우 면접의 내용이 더욱 풍성해 지는 것을 경험할 수 있었다.

이밖에도 현지 자료에서 획득된 각종 문헌자료들과 홍콩 중문대학(中文大學)의 복무중심(服務中心: 서비스센터), 스탠포드 대학의 후버도서관, 그리고 버클리 대학의 중국학 연구중심(연구센터)에서 얻어진 문헌자료들이 추가로 보충되었다. 일반적으로 문헌자료들은 현지조사의 방향성을 제공하는데 유용하나, 국가 정책의 긍정적 측면을 지나치게 과장하여 강조한 점도 적지 않다. 특별히 노동문제에 있어서 정치적인 파업, 시위, 국가정책의 실패 등을 구체적으로 언급하는 문헌자료를 중국 내부에서 구하는 것은 쉬운 일은 아니었다. 현지조사에서 도움을 주었던 현지 연구자들 중 일부는 본인들이 중국내부에서 이러한 주제들을 다룰 때의 정치적인 위험성을 말해 주었으며, 따라서 실업이라는 주제에 대한 중국외부의 연구자들의 활동과 출판도 그 의미와 중요성을 가진다고 이야기해 주었다.

이번 장은 다음과 같이 구성된다. 다음 장에서는 실업에 관한 기존의 연구들에서 진행되어 온 논의들을 살펴보고, 본 논문이 새롭게 기여할 수 있는 영역을 찾아볼 것이다. 2장에서는 중국정부에 의해 이데올로기적으로 통제되고 관리되는 탈사회주의화 과정을 재취업공정과 담론상의 변화에 초점을 맞추어 보다 구체적으로 다룰 것이다.

## 1. 실업 노동자들에 대한 기존 연구 검토

중국 도시지역 노동부문에 대한 한국에서의 연구는 지금까지 많은 성과를 내어왔다. 그 중 특기할 만한 것은 백승욱(1996, 1997, 2001, 2002, 2003)과 장영석(2002, 2003, 2004, 2005)의 선구적인 연구 성과물들이다. 백승욱, 장영석의 연구는 지나친 이론적 추상성을 극복하고 구체적인 현실에 기반한 풍부한 자료를 제공하고 있으며, 이는 본 연구에 많은 시사점을 안겨준다. 특히 2005년『현대중국연구』에 발표된 이들의 논문은, 중국 연구에 있어서 발로 뛰는 현지조사가 갖는 장점과 유용성을 유감없이 보여준 걸작이라 하겠다. 이러한 선구성에도 불구하고, 이들의 연구 역시 국가체제 분석 혹은 정책변화 과정에 초점을 맞추고 있어서 노사 관계에서의 미시적인 '행위자' 분석은 찾아보기 어렵다는 아쉬움을 남긴다. 이들의 분석 수준이 중국이라는 민족국가, 혹은 상하이라는 특정 지역이라는 점을 고려할 때, 미시적인 행위자 분석을 기대하기는 어려운 것이 사실이다. 김영진(2002)의 상해지역 노동연구 역시 노동시장, 노동관계, 노동제도 등에 중점을 두고 있기 때문에 정작 개혁·개방이라는 맥락에서 노동자의 모습은 잘 드러나지 않는다는 약점을 지닌다. 바로 이러한 점이 본 연구가 중국 도시노동연구에서 인류학적으로 기여할 수 있는 지점이라고 생각한다. 본 연구는 현지조사가 가지는 장점을 최대화하여, 탈사회주의화 과정에서의 행위자로서 노동자를 보다 자세하게 연구하고자 한다.

중국 학계에서의 노동자 연구는 리페이린(李培林)[10]과 리치앙(李强)[11] 등에 의해서 주도 되며, 이들은 최근 몇 년 동안 많은 성과물을 발표하였다. 이러한 중국에서의 연구들은 '중국인'의 시각으로 바라보는 내재적 관점과 풍부한 통계 자료라는 강점과 동시에 이데올로기적, 정치적인 한계를 지닌다. 현내 중국의 '4대 현대화(농업부문, 공업부문, 과학기술부문, 그리고 국방부문의 현대화)' 중 '민주화' 부분은 제외된 상황이고, 이러한 공산당의 1당 독재 환경 아래 생활하는 연구자들이 노동자들의 파업이라든가 독립적인 노조 활동 등 정치적으로 민감한 주제들을 학구적으로 다루기는 힘든 것이 현실이다. 이와 같이 중국이 사회주의 국가라는 사실은 중국 내에서의 노동 연구를 더욱 어렵게 만들고 있다. 또한 이런 연구들이 정치적으로 대단히 민감한 사안에 속하기 때문에, 중국 현지 학자들의 입장에서 보자면 노동문제를 해결 가능한 경제적 사안 즉, 지방 관료 등의 부패나 단순한 자금 부족의 문제 등으로 접근하는 것이 더 수월할 것이다. 노동 문제는 총체적이고 구조적인 차원의 문제이기 때문에, 제도적인 민주화, 인권, 나수

10) 많은 업적이 있으나 가장 대표적인 것은 李培林과 张翼의 『国有企業社會成本分析』(北京: 社會科學文献出版, 2000)과 李培林 張翼 趙延東 梁棟의 『社會沖突與階級意識: 當代中國社會矛盾問題研究』(北京: 社會科學文獻出版社, 2005) 등을 들 수 있다.

11) 대표작은 리치앙(李强)과 홍따용(洪大用)의 『失業下崗問題對比研究』(北京: 清华大學出版社, 2001)과 李培林 李强 孫立平의 『中國社會分層』(北京: 社會科學文獻出版社, 2004) 등이다.

정당제, 혹은 독립 노조의 성립 등 정치적인 문제로까지 연결시키는 것은 결코 용이한 작업이 아니다.

영어권에서도 중국의 실업에 관한 연구는 여러 각도에서 활발하게 이루어지고 있다(Blecher, 2002; Cai, 2002, 2006; Chan, 2001; Chen, 2000, 2003; Hung and Chiu, 2003; Hurst and O'Brie,n 2002; CK Lee, 2002; HY Lee, 2000; Solinger, 2001, 2002). 이 연구들은 실업 문제에 대한 다양한 이론적 접근과 방법론을 보여주는데, 그 대표적인 몇 개의 논문을 정리하면 다음과 같다.

먼저 이홍영(Lee, 2000)은 실업 문제를 정책적, 거시적인 차원에서 접근하고 있다. 주로 중국의 통계자료, 문헌자료 등을 이용하여, 국가 고용 정책의 공식적이고 상의하달적인(top-down) 방식의 접근을 대변하고 있다. 그는 중국의 미래 고용제도가 과거의 단위제도 및 분배제도가 무너져 버린 후의 새로운 대안적 성격을 보여주게 될 것이라고 주장하면서, 미국과 같은 시장 위주의 자유주의적인 제도 보다는 일본이나 독일의 경우에서와 같은 국가 개입 양식을 띤 혼합 형태가 될 것이라고 예측한다. 즉 강한 국가가 계속해서 직접적으로 고용관계와 실업문제에 개입함으로써, 기업들은 스스로 실업 문제를 해결하기 보다는 노동자의 복지에 주력하게끔 국가로부터 요구받는 것이다. 다분히 목적론적인(teleological) 시각의 이러한 주장은, 현재 중국의 고용 제도와 실업 제도를 미래의 시각에서 진단하고 예측하는 것이라고 할 수 있다. 그러나 이러한 목적론적인 시각과는 상반된 시각에서, 과거로부터의 유산과 개혁·개방 이전의 제도적 장치가 현재 어떠한 역할과 기능을 담당하고 있는지를 살펴보는 접근 역시 필요하다고 하겠다.

이홍영의 경우와 대조적으로 칭콴리(Lee, 2000)의 연구는 아래로부터의 접근을 채택함으로써 실직 노동자들의 구체적 반응에 주목하고 있다. 이홍영의 연구가 국가 정책에 초점을 맞춘 거시적인 연구라면, 칭콴리의 연구는 구체적 사람들에 초점을 둔 미시적인 연구이다. 칭콴리의 연구는 자료의 차원에서도 통계 자료나 문헌 자료에 의존하기 보다는 현지조사와 인터뷰에 기반을 둔, 질적 접근을 사용함으로써 국가 정책에 대한 아래로부터(bottom-up)의 대응에 대해 논의하고 있다. 앞서 이홍영이 미래지향적인 시각에서 실업 문제를 바라본 것과는 대조적으로, 칭콴리의 연구에서는 실업 노동자들이 가지고 있는 과거에 대한 기억(memory)과 향수(nostalgia)가 중요한 변수로 부각된다.

칭콴리의 주장은, 불안정한 시장경제와 실업 상황에 대응하기 위해서 실업 노동자들이 과거 개혁·개방 이전 시대의 이데올로기인 평등주의와 사회주의 원칙을 기반으로 하여 현재 정부에 도전한다는 것이다. 특히 최근의 변동 과정에서 새로운 요소로 등장한 법제도화(法制化)가 노동자들의 이러한 대응 과정에서 사용되고 있음을 지적하고, 이에 기반을 둔 새로운 시민(公民)의 정체성을 이야기 하고 있다는 점에서 칭콴리의 연구는 참신하다고 할 수 있다. 그녀의 주장에 의하면, 중국의 실업 노동자들은 현재 시장 체제와 실업의 불안정성에 상한 불만을 품고 있으며, 과거의 사회주의 시대의 평등성에 대한 기억과 현재의 법치주의라는 두 가지 요소를 무기로 삼아 중국 정부에 그들의 불만과 불평을 표시한다는 것이다. 중국의 실업 노동자들이 중국의 국가 체제를 위협하고 도전하는 새로운 세력으로 부각된 것의 기반에는, 법과 공공정책의 영역에서 확산되고 있는 시민의 법적 권리와 사회주의에 대한 집단적 기억을 바탕으로 하는 노동자들의 정치화 과정이 자리 잡고 있다. 그리고 이러한 노동자들의 정치화가 파업 · 시위 · 소송 · 청원 등 다양한 형태의 저항 양식으로 나타나고 있다는 것이다. 역설적인 것은 현재 중국에서 노동자의 권리를 주장하는 데에는 한계와 제약이 있으므로, 국가가 허용한 범위로서의 시민의 권리를 주장하고 있다는 점이다.[12] 이러한 칭콴리의 주장이 성립하기 위해서는 시민의 권리 개념을 사용하기에 앞서, 현재 중국의 상황에서 실업 노동자들이 '노동자로서의 권리'가 아니라 '시민으로서의 권리'를 주장하게 되는 탈사회주의화 과정에 대해서 우선적으로 파악할 필요가 있다.

현재 중국에서 실업 노동자들은 과거 개혁 · 개방 이전 시대의 비효율성의 상징으로, '오래된 사상과 관념(老思想, 舊觀念)을 가진 사람들', '시장 체제 아래에서 경쟁성이 결여된 사람들'로 간주되고 있다(Anagnost, 1997; Rofel, 1999; Hung and Chiu, 2003). 실업 노동자들의 이러한 상황 뒤에는 사실 노동자 집단을 탈정치화, 탈세력화 하는 '노동자 국가'가 존재하고 있으며, 현재의 변화는 바로 그 국가에 의해 주도되고 있다. 시장 체제와 자본주의 사회로의 이행 과정에서 베버적인 의미의 자본주의 정신은 저절로 발생하는 것이 아니라, 국가가 대상들에게 이러한 정신을 끊임없이 주입하고 교육하는 차원의 것이라

12) 현재 중국의 노동 운동은 다음과 같이 매우 강력한 이데올로기적, 정치적 제약 하에 있다. 첫째, 독립적 노조 운동이나 노조 활동은 불법이다. 둘째, 이론적으로 사회주의 국가이기 때문에 파업이 존재할 수 없으며, 파업 또한 불법이다. 셋째, 노동 운동가로 적발시 장기 투옥이나 협동 농장에서의 강제 노동을 각오해야 한다. 이와 같이 중국이 사회주의 국가라는 사실은 오히려 노동 운동 자체를 더욱 어렵게 하며 또한 정치적으로 대단히 민감한 사안으로 만든다.

고 볼 수 있다(Lemke, 2001; Abercrombie, Hill and Turner, 1986). 특히 이 차원에서 미시적인 국가 기술에 대한 논의가 필요하며, 이것이 바로 본 논문이 주목하고 있는 점이다. 시민권의 개념은 근대적 개인을 형성하는 과정에서 합리성 및 시장 윤리라는 차원의 새로운 편가르기와 경계 긋기를 내포하고 있는데, 이는 단순히 지배나 착취의 문제뿐 아니라 비정상적인 것에 대한 배제와 함께 과학적, 윤리적, 도덕적 치료 및 교화까지 동반하는 것이다(Burchell, Gordon and Miller, 1991). 결국 한 사회 안에서 비람직하고 윤리적인 모범시민이 된다는 것은 사회의 권력 관계를 받아들여 정상적으로 삶을 영위함을 말한다.

이런 차원에서 주목할 만한 연구는 마크 블렉커(Blecher 2002)가 『China Quarterly』에 발표한 논문이다. 이는 노동자 계급의 정치 행동에 대한 연구라는 점에서 칭콴리의 연구와 유사성을 갖지만, 칭콴리와는 대조적으로 블렉커는 중국 실업 노동자들에게서 비관적이며 수동적인 태도를 발견한다. 블렉커는 중국 노동자들이 아직도 수동적이며, 그들의 저항 역시 산발적, 지역적, 단기적, 개인적인 한계를 넘지 못한다고 주장한다. 이는 근본적으로 중국 노동자들이 국가와 시장의 헤게모니에 빠져있기 때문에 다른 대안을 찾지 못하고 국가와 시장이 지배방식에 암묵적으로 동의하고 있기 때문이라는 것이다. 홍콩 과학기술대학의 차이용순(Cai, 2002, 2006)의 주장도 이와 비슷한 맥락에서 중국 실업 노동자들의 집합행위에서 나타나는 침묵(silence)에 초점을 맞춘다. 칭콴리의 연구가 중국의 실업 노동자들의 저항과 행위에 대하여 다분히 낙관적이고 과대평가적인 요소를 담고 있다면, 블렉커와 차이의 연구는 반대로 지나치게 비관적이며 과소평가하는 위험이 있다.

정말로 중국의 실업 노동자들이 수동적이며 그들의 저항 역시 근본적인 한계를 가지고 있다면, 이는 실업 노동자들 자신의 문제라기보다는 국가와의 상호 작용 속에서 나타나는 문제라고 할 수 있다. 이 점에 대해서는 솔린저(Solinger, 2001)가 검토를 시도한 바 있으나, 국가 정책의 구체적인 효과와 그 기제들을 제시하지 못하는 한계를 보였다. 이렇듯 국가를 고려하지 않은 채 실업 노동자의 정치 행동과 양식을 논의하는 것에는 뚜렷한 한계가 있기 때문에, 그들을 훈육하고 감시하는 국가 권력의 기술(technology)을 더 자세히 살펴볼 필요가 있다.

이번 장은 기존 논의들이 가지고 있는 위와 같은 양분 논리 · 흑백 논리를 극복하고자 한다. 칭콴리의 주장처럼 실업 노동자들이 중국 국가를 위협하는 세력으로 등장하는 것이 사실이기는 하나, 대개의 경우 노동자들의 요구는 정직하고 책임 있는 '시민의 요구'라는 양식으로 표출되고 있기 때문에 그에 대한 과대평가는 경계해야 한다. 또한 블렉커와 차이의 주장처럼 노동자들이 수동적이며 그 저항 역시 산발적이므로 국가와 시장의 헤게모니에 포획되어 있는 것으로 보아야 한다는 관점은 노동자들의 정치 행동을 과소평가할 위험을 다분히 내포하고 있다.

## 2. 실업 노동자들의 탈사회주의화 과정

실업 문제를 해결하는 한 방법으로 가장 눈길을 끄는 것은 논문의 초반부 장 선생의 예에서 언급한 자립자족적이며 국가로부터 독립적인 자영업적 해결 방식이다. 중국어식 표현에 따르면 '자립적으로 취업(自謀職業)' 혹은 '남이 아닌 스스로에게 의지(靠自己)'로 불리는 이 방식은, 현재 중국 정부와 많은 지도자들로부터 가장 바람직하며 실현 가능한 방식으로 여겨지고 있다. 사천성 중경시 실업 노동자 장 선생의 경우처럼, 사회주의 사회 공산당의 최고 지도자와 실업 노동자가 만난 순간에도 자립자족적으로 스스로 해결하는 방식에 대한 격려와 칭찬은 반복되고 있다. 당시 중국 총리였던 주롱지 역시 1998년 3월, 실업 문제가 극도로 심각한 동북(東北)지역 길림(吉林)성의 성 정부 소재지 장춘(長春)을 방문했을 때, 이 전에 장쩌민이 그랬던 것처럼 3년 후인 2001년까지 장춘시의 현지 지도과정에서 천만 개의 일자리를 창출하여(三年千万) 실업 문제를 반드시 해결하겠다고 약속하며 실업 노동자들의 정신적인 무장과 자립정신을 독려한 바 있다.

본 연구자는 주롱지가 3년 안에 1천만 개의 일자리 창출로 실업 문제를 반드시 해결하겠다고 약속했던 바로 그 도시인 장춘을, 정확히 3년 후인 2001년에 중국 실업문제에 대한 현지조사차 방문하게 되었다. 주롱지 총리의 낙관적인 약속과는 대조적으로, 장춘 시내에는 수많은 실업 노동자들이 일자리를 찾으러 길거리에서 방황하고 있는 실정이었다. 영하 20-30도를 오가는 추운 날씨지만 그저 집에 머물러 있기보다는 거리에 나와 행상 일이라도 하거나 팻말을 들고 일자리를 찾고 있는 실업 노동자들이 매우 많았다. 길림성의 성 정부 소재지로서 장춘은 다른 중소도시보다는 상대적으로 나은 상황이라고 볼 수 있음에도, 많은 실업 노동자들의 이러한 어려운 형편은 다른 지역들과 크게 다르지 않았던 것이다.

본 연구자의 연구에 협조를 아끼지 않았던 첸 선생의 경우도 예외는 아니었다.[13] 첸 선생의 집은 장춘 시내 중심으로부터 버스로 30분 정도 동쪽으로 떨어져 있는 트랙터 공장의 노동자 숙소였다. 지금은 고인이 된 첸 선생의 아버지가 공장 노동자일 때 얻은 이 숙소는 개혁·개방 이전 사회주의 사회의 모습을 그대로 드러내는 듯, 새로운 변화에 적응하지 못한 채 사라져가는 옛 시대의 모습을 적나라하게 보여주고 있었다. 이 숙소는 붉은 벽돌로 지은 단층 건물로, 내부는 페인트가 거의 벗겨진 허름하고 낡은 건물이었으며 최근 몇 년 간 개조나 수리를 전혀 하지 못한 모습이었다. 유리창도 여러 군데 깨져 있었고 대낮임에도 불구하고 숙소 안은 무척 어둡고 음산한 분위기였다. 직장을 잃은 첸 선생이 술로 시간을 보내는 경우가 많았는지, 바닥에는 빈 맥주병들이 수없이 놓여 있었다. 역시 실직한 부인은 길거리에서 채소와 과일을 파는 행상 일로 돈을 벌고 있었다. 첸 선생의 형과 누이도 모두 동시에 실직하게 되어, 사실 상 전체 식구 중에 안정된 수입을 가진 사람은 아무도 없었다.

장춘시 외곽에 위치한 트랙터 공장의 전체 노동자 9000여 명 중, 지난 1-2년 사이 모두 5000명가량의 노동자가 직장을 잃었다. 대부분 같은 동네에서 같이 나고 자란 사람들로서, 갑자기 거리로 쏟아져 나오게 된 이 5000여 명의 사람들이 직장을 구하기란 결코 쉬운 일이 아니었다. 이들에게 새로운 안정된 직장이 생길 가능성은 전혀 보이지 않는 상황이었다. 이들 대부분의 실업 노동자들의 선택은 대개 길거리

13) 2001년 4월부터 8월까지 북경, 심양, 장춘에서 현지조사가 이루어졌다. 인터뷰 대상을 보호하기 위하여 가명을 사용하였다. 첸 선생은 길림대학 A교수의 소개로 만나게 되었으며, 이후 집 방문이나 식사 등을 겸하여 여러 차례 만날 수 있었다.

에서 행상 일을 하는 것이다. 첸 선생의 부인 역시 과일이나 채소를 파는 행상 일을 하고 있었으나, 공장 노동과는 달리 행상 일은 하루하루 수입을 예측할 수 없는 시장 경제의 불안정성을 극명하게 보여주는 일이기에, 수입이 많으면 중국 원화로 10원 가량을 벌기도 하지만, 비나 눈이라도 오게 되면 전혀 수입이 없는 날도 있게 된다. 이러한 상황은 개혁 · 개방을 통해 무너진 사회주의 단위체제 외부에 존재하는 불안정한 탈사회주의 시장 경제의 모습을 적나라하게 보여준다.

첸 선생의 이웃인 리 선생은 공장에서 실직한 이후 택시 운전을 시작하였으나 몇 개월 만에 교통사고를 당해 더 이상 새로운 직장을 얻을 수 없는 상태였다. 앞에서 언급한 것처럼, 장춘의 트랙터 공장은 주룽지가 이 도시를 방문하여 실업 문제를 해결하겠다고 큰 소리쳤던 바로 1998년, 그 해부터 절반 이상의 노동자를 해고해버린 것이다. 실직과 빈민에 지친 첸 선생은 아래와 같이 불만을 토로했다.

> 정말 방법이 없어. 우리가 쓰는 돈을 조금 더 절약하는 게 아마 유일한 해결책일 거야. 앞으로 정말 덜 먹고, 덜 쓰고, 그렇게 살아야지. 앞으로 우리 미래에 희망이 있을지는 정말 모르겠어. 특히 중국, 동북, 장춘에는 희망이 전혀 없어. 이 지역에서 자랐지만 탐관오리의 부패는 정말 심각하고, 우리 같은 백성들의 삶은 아무 희망이 없고. 현재 우리 수입은 극도로 부족하지만 일자리를 가진 사람은 아무도 없지. 이게 내 잘못인가? 아니면, 내 부인의 잘못인가? 아닐 텐데, 왜 우리가 책임을 져야만하지? 사실 개혁 · 개방 초기에는 우리와 중국의 미래에 대해서 이렇게까지 비관적이진 않았었는데. 최근 몇 년 동안 너무 변해버렸어…….

세찬 바람이 부는 중국 동북지역의 겨울, 살을 에는 듯한 강추위의 거리로 내몰린 실업 노동자들을 보면서, 중국이 여전히 사회주의 사회임을 입증할 만한 사실을 발견하기는 힘들다. 오히려 실업 노동자들의 생계와 가족에 대한 걱정, 지방 정부와 부패한 관료들을 향한 분노, 그리고 중국에 새로이 출현하고 있는 자본주의적 시장 체제에 대한 불안감을 읽을 수 있었다. 중국의 실업 노동자들은 대부분 사회주의 개혁·개방 이전 시대에 안정적인 국영기업에서 직장을 잡았던 사람들로, 대부분의 경우 나이 사십을 넘어선 최근에야 '시장 체제'를 경험한 사람들이다. 과거 개혁·개방 이전에는 사회주의 노동자로서 국가로부터 배정된 직업 혹은 부모로부터 물려받은 직업에 종사했던 사람들이, 이제는 거리에서 행상으로, 아니면 집안에서 무기력한 실업자의 모습으로 살아가고 있다. 이러한 상황에 대해서 장춘시 재정국에서 만났던 국가 관료는 다음과 같이 언급한다.

> 실업은 단지 계획경제에서 시장경제로의 이행 기간 동안 일시적으로 발생하는 지극히 정상적인 현상이라고 말할 수 있다. 실업이 존재한다는 사실 자체가 현재 중국이 사회주의 시장경제를 향하여 올바른 방향으로 가고 있음을 의미한다. 따라서 지금은 실업 노동자들이 가지고 있는 국가와 기업에 대한 낙후된 사상과 관념을 고쳐서, 새로운 사회주의 시장경제에 적응시켜야 한다. 오직 시장에 대한 올바른 이해를 가지고 자급자족적인 태도를 갖춘 노동자들만이 시장경제 하에서 실업을 극복할 수 있을 것이다. 농촌 지역에서 이주한 농민공은 이러한 태도를 갖춘 좋은 예가 될 것이다. 그들은 실업 노동자들과는 달리 국가의 정책에 대해서

전혀 불평하지 않는다. 농민들은 기꺼이 어떤 힘든 일이라도 열심히 한다. 그러나 실업 노동자들은 여전히 국가와 직장에 제도적으로 의존(依靠組織)하는 오래된 타성에 깊이 젖어있다. 이러한 실업 노동자들은 언제나 불평하며, 직장도 골라서 안정적인 직장만을 추구한다. 하지만 현재 시장 체제 안에서 이러한 직장을 찾는 것은 거의 불가능하다. 실업 노동자들이 희망을 가지지 못하는 이유는 바로 여기, 현재의 바뀐 현실을 이해 못하며, 이에 준비하는 적절한 심적 태도가 없기 때문이다. 사회주의 시장경제에서는 과거와 같이 타인이나 국가 혹은 직장에 의지하거나 지나친 요구를 할 수가 없다. 과거의 습성에 물든 실업 노동자들은 먼저 그들의 잘못된 사고를 바꿔야 하고(改觀念, 轉變觀念) 그런 이후에나 새로운 직업을 얻는 것이 가능할 것이다. 우리 국가가 할 수 있는 일은 바로 새로운 사회주의 시장질서에 적응할 수 있도록 그들의 사상과 생각을 바꾸는 일이다.[14]

중국 현지에서 행한 수많은 인터뷰 과정에서 대개의 중국 국가 관료들은 국가가 실업 문제를 지속적으로 해결해 주기에는 어려운 점이 있다는 것을 잘 인식하고 있다. 국가나 혹은 직장이 실업 노동자의 삶을 평생 책임져 줄 수는 없으며, 따라서 실업을 다루는 가장 좋은 방법은 중국 실업 노동자가 사상과 관념을 새롭게 바꾸어 자급자족적으로 해결하는 방식이라고 주장한다. 이러한 방법만이 과거 계획경제 체제에서 형성된, 국가와 직장에 대한 노동자들의 제도적 의존성을 변형할

14) 2000년 11월 장춘시 재정국에서 국가 관료와의 인터뷰.

수 있다고 강조한다.

대부분의 정부 관료들은 계획경제 체제에서 시장경제 체제로의 변환이라는 특수한 상황 하에서 발생하게 되는 정리해고(下崗)의 일시적 성격에 대해 강조해 왔다. 관료의 대다수는 국영기업의 개혁과 중국 복지체계의 변화로 앞으로 2-3년 후에는 정리해고라는 개념조차 사라질 것이라고 예측한다. 앞서 나왔던 주룽지 총리의 자신감 있는 언급도 이러한 맥락에서 비롯된다. 이 예견은 재취업 공정과 정리해고 정책이 일시적이며 앞으로는 주로 시장에 의하여 해결될 것이라는 전망에 기반을 둔 것이다. 따라서 정리해고와 재취업 공정은 결국 사라지게 될 것이며, 실업된 노동자들은 국가의 도움 없이 스스로 삶을 해결해 나가야 한다. 이것이 바로 노동자들을 '탈사회주의화' 하는 과정에서 국가가 실업 노동자들을 훈육하고 교육하는 방식이며, 본 논문이 주목하고 있는 지점이다. 개혁 · 개방 이전 시대에 노동자들이 단위체제에서 가졌던 국가와 직장에 대한 의존성을, 탈사회주의적이며 자급자족하는 새로운 시장형 인간으로 바꾸는 것이다. 과거 국영기업에서 노동자들에게 익숙했던 사회주의적 행위와 사상은 시장경제 상황에서 새로운 행위와 사상으로 바뀌어야 한다. 이와 같은 국가의 훈육방식에 의한 탈사회주의화 과정에서의 구체적 기술을 살펴보기로 하자.

### 1) 실업 노동자들의 현황과 배경

개혁 · 개방 시대로 접어들면서, 이전에는 존재하지 않았던 '실업'이라는 새로운 사회 현상이 소득의 양극화 및 빈익빈 부익부 현상과 더불어 중국 공산당 체제를 위협하는 사회 불안정 요소로 부각되고 있다(장영석, 2004). 물론 중국에서 실업이 전 지역에 걸쳐 동일한 수준의 어려움을 의미하는 것은 아니다. 지역 경제의 불평등은 개혁 이후 급속도로 증가하고 있으며, 특히 동북 지역에서 만연한 실업과 국영기업의 개혁 문제는 '동북현상(東北現象)'이라는 특정 표현으로 부를 정도이다. 공식 통계에 의하면 동북 지역의 랴오닝, 헤이룽장, 지린성은 실업자 규모에 있어 각각 전국 1, 2, 3위를 차지하였다(李培林, 張翼, 2000). 중국 전체 인구의 8%를 차지하는 동북지역이 실업자 수에 있어서는 전국의 4분의 1을 차지하고 있는 것이다(莫榮, 2001). 특히 2002년 여름에는 동북 지역 여러 도시에서 노동자들의 시위와 파업이 발생하기도 하였다.

동북 지역은 과거 사회주의 개혁·개방 이전 시기 사회주의 경제 발전의 중심지였으며, 소비에트형 중공업 위주의 발전 전략을 취한 곳이다. 하지만 70년대 중반까지 중국 사회의 경제 발전을 주도했던 이 지역은 현재 대량해고의 중심지가 되어버렸다. 특히 아직도 만연한 과거 사회주의의 유산들은 경제를 시장 체제로 재구조화하고 국영기업을 개혁하는데 장애가 되고 있다. 중국 정부는 제3차 산업, 그 중에서도 서비스 산업의 발전으로 실업 문제를 해결하고자 하지만, 중국 동북 지역에서 서비스 산업의 발전은 매우 미비하며 새로운 일자리 공급원의 역할을 충분히 해내지 못하고 있다. 본 연구자는 현지조사 당시 중국 실업 노동자를 돕는 '재취업복무중심(재취업 서비스센터: 再就業服務中心)'을 방문하려고 하였으나, 장춘시의 수많은 '재취업복무중심'은 이미 문을 닫은 상태였다. 일부 지역에서는 '재취업복무중심' 대신

'재취업 시장(再就業市場)'이라는 형태로, 실업 노동자들에게 행상 일을 하는 장소를 제공하기도 한다. 재취업 공정은 1990년대 중반, 당시 중국의 다른 지역에 비해 훨씬 더 성공적으로 실업문제를 해결했던 상하이의 경험을 모델로 한 것이다. 재취업 공정을 수행하는 주요기관은 재취업복무중심으로, 재취업 복무종심의 주된 기능은 실업수당의 지급, 의료보험 · 양로보험 등 사회보험의 제공, 재취업을 위한 기술교육 및 직업소개 등이다(張左偉, 1998).

1990년대 초부터 중국에서 나타난 새로운 형태의 노동자 실업은 새로 제정된 파산법의 실행에서 그 원인을 찾을 수 있다(Solinger, 2002; Chen, 2000, 2003). 그 결과 사회주의 사회에서는 친숙한 개념이 아니었던 '실업(失業)'과 '정리해고(下崗)'라는 단어가, 1990년대 중국인들 사이에서는 일반적인 용어가 되었다. 앞서 언급한 것처럼, 공식적으로 '실업'과 '정리해고'라는 이 두 용어는 서로 다른 의미로 간주된다. 정리해고(下崗)된 노동자는 직책(崗位)은 잃지만 원칙적으로 여전히 원래 단위(單位)와의 노동관계가 유지되고, 3년까지 생활비를 지원받을 수 있다. 정리해고는 계획경제에서 시장경제로의 이행 단계에 발생하는 것으로, 그 원인이 본인에게 있는 것이 아니라 직장의 경제적 어려움이나 구조조정 등에 의해 직책을 잃게 되는 경우를 의미한다.

이와 같은 정리해고의 의도는 기업이 잉여 노동자를 제거함으로써 예산의 부담을 약화시켜 수익을 내게 하는 것이라고 할 수 있다(減員增效). 즉 구조조정과 정리해고를 통하여 기업의 이윤과 효율을 상승시킬 것을 목적으로 한다. 더 이상 일은 하지 않지만 약간의 실업 수

당을 받으며 대기 중에 있는(放假) 노동자들이 바로 이 정리해고의 좋은 예라고 할 수 있다. 이들에게는 직장의 재정적 사정이 조금 더 나아지고 이윤이 회복되면 자신의 직책을 다시 회복할 수 있는 가능성이 있다. 반면에 실업(失業) 노동자는 시장 체제와 보다 더 관련된 개념으로, 원칙적으로는 정리해고와 구분이 된다. 그러나 실질적으로 실업과 정리해고 사이의 구분은 매우 모호하며, 정리해고 된 노동자들도 그들이 받아야 될 특권을 받지 못하는 경우가 대부분이다. 따라서 본 논문에서는 의미의 혼동과 개념상의 불명확성을 극복하기 위하여 '실업'이라는 한 가지 개념을 사용하되, 이 개념 안에 정리해고 상태의 노동자들도 포함되는 것으로 전제하기로 한다.

2005년 2월 있었던 정치국 회의와 10월의 5중전회에서 후진타오 주석은 국가 정책 중 분배와 균형 발전을 우선시하는 '공동부유 균부론(共同富裕 均富論)'을 발표하였다. 이는 과거 성장 위주의 정책이 빚은 문제점을 바로잡아, 균형과 분배의 정의를 강조하는 사회, 그리고 소외 계층을 최소화하는 조화로운 사회를 지향할 것을 그 요지로 삼는다. 하지만 이것이 곧 탈사회주의적 개혁·개방 과정의 주된 논리인 '고속경제성장(發展是硬道理)'의 포기와 평등주의, 분배주의 노선으로의 개혁 진행을 의미한다고 말하기는 쉽지 않다. 따라서 균부론의 구체적인 실행 여부와 앞으로의 전망은 아직 더 시간을 가지고 지켜보아야 할 부분이다. 즉, 단순한 이데올로기적인 강조를 넘어선 '조화로운 사회건설'이라는, 일상생활 수준에서의 실천이 신흥 중산층을 넘어서 실업 노동자 등 소외집단들에게까지 실질적인 도움이 될 수 있는가는 조금 더 두고 봐야할 것이다. 중국의 중앙 정부는 끊임없이 실업 노동자, 농민, 도시 빈민 등을 포함하는 빈곤층을 위한 구호 체계를 발표하고 있고, 이는 공식문건을 통해서 확인이 가능하다. 그러나 중국에서 실제로 현지조사를 진행한 결과, 사회보장 제도의 실행 여부나 의료보험 제도의 확대 등이 중앙 정부의 약속처럼 수행된다고 말하기는 쉽지 않다.[15] 그 한 예로 들 수 있는 것이, 부부의 경우 동시에 정리해고 될 수 없다는 중앙 정부의 규정이다. 하지만, 중앙정부 내부 실사에 있어서도 부부가 동시에 정리해고 된 경우는 수없이 발견된다. 즉, 경험적인 현지조사를 통하여 연구자는 국가의 정책이 실제적으로 어떤 한계를 가지고 있으며, 이를 통하여 이데올로기와 실제 현실 사이의 차이를 엿볼 수 있는 기회를 확보할 수 있었다. 중국 사회의 일상성에 침투한 국가의 구체적인 정책에 대한 자세한 논의는 다음 2)부의 논의에서 보다 자세히 살펴볼 것이다.

### 2) '재취업복무중심(再就業服務中心)'에서의 탈사회주의적 사상 교화

중국 실업 노동자들은 대개 40-50대의 중년 노동자들로, 문화혁명을 경험한 세대이다. 문화혁명을 혹독하게 겪으며 성장한 그들은 대부분 실업과 더불어 생애 최초로 공장 외부의 노동시장에 내몰리게 된

15) 2006년 7월 3일자 〈조선일보〉에 의하면, 중국 동북지역이 심각하게 실업자 몸살을 앓고 있으며 국영 기업출신 노동자들이 거리에서 인력거꾼으로 근근이 살아간다고 보도하고 있다. 이러한 인력거꾼 또한 국가의 사회보장 제도 외부에서 홀로 어렵게 살아가고 있는 사람들로서, 이들을 위한 사회 보장제도가 실제적으로 생활 개선에 효과적인 역할을 한다고 보기는 어렵다.

다. 문화혁명으로 인하여 제도화된 교육의 기회를 제대로 가져본 적이 없으며 기술 수준도 높지 않은 이들이 바로 과거 사회주의 제도와 사상의 산물이라고 할 수 있다. 과거 개혁·개방 이전 시기에 그들에게는 스스로 직업을 선택하는 것이 허락되지 않았으며, 동시에 실업도 존재하지 않았다(Davis, 2000). 이러한 실업 노동자들이 생애 첫 실업을 경험할 때 제도적인 도움을 청하게 되는 장소가 바로 '재취업복무중심'이다.

'재취업복무중심'은 국가가 실업 노동자들을 지원하기 위해서 설치한 제도적 기관이다. 이곳은 버드리(Verdery, 1996)가 이야기하는, 국가에 대한 현지조사(ethnography of the state)를 수행하기 위한 이상적인 장소이기도 하다. 앞서 언급한 기존 논의에서 이홍영은 국가의 정책만을, 그리고 칭콴리와 마크 블렉커는 노동자들의 행위 측면만을 다루었는데, 이 둘 사이의 상호작용을 관찰할 수 있는 장소가 바로 재취업복무중심인 것이다. 국가에 대한 현지조사는 단순한 노동자, 농민, 여성, 소수민족 등 행위자에 대한 관심을 뛰어넘어, 국가의 정책이 행위자들에게 미치는 영향을 살펴보고자 한다. 특히 신자유적인 세계화 속에서도 국가의 역할과 그 정책이 완전히 소멸된 것은 아니며, 새로운 변화가 나타나고 있다는 점에서 이러한 접근은 더욱 그 의의를 갖는다고 하겠다. 재취업복무중심에 대한 경험적 연구를 통하여 중국의 실업 정책이 어떠한 한계를 가지고 있으며 또 그 정책적 이상과 현실 사이에는 어떤 괴리가 존재하고 있는지 연구할 필요가 있다. 실제로 국가정책이 수행되는 재취업복무중심에서의 현지조사와 인터뷰 등을 통하여 국가정책의 실제 효과와 그 한계를 살펴볼 수 있다.

앞서 언급한 것처럼 중국정부는 실업문제의 심각한 상황을 인식하고 실업상태에 놓인 노동자들을 지원하기 위하여 재취업공정을 실시하였다. 이 정책은 일시적인 생활비를 지원하고 실업 노동자들에게 새로운 일자리를 소개하는 재취업복무중심의 설립도 포함하고 있다. 대개 직장 알선은 2회에 걸쳐 제한되며, 다른 지원들도 영구적으로 제공되는 것은 결코 아니다. 또한 원칙적으로 재취업복무중심의 기능은 노동자와 직장 간의 노동관계가 지속되는 정리해고 이후 3년간만 한시적으로 제공되도록 되어있다(張左偉, 1999). 재취업복무중심은 실업 노동자들을 지속적으로 지원하며 시장에 맞서 노동자를 탈상품화하는 복지기관이라기 보다는, 그들이 시장경제로 적응할 수 있도록 전환을 준비하게 하는 임시방편으로서의 성격이 강하다.

직장을 잃은 실업 노동자들이 재취업복무중심에서 해야 하는 첫 번째 일은 재취업복무중심의 직업지도위원(職業指導人)을 만나는 것이다. 직업지도위원은 개혁 · 개방 이전의 직업 분배제도에서 시장 체제로의 변환에 따라 등장하게 된 새로운 직종이다(中國勞動和社會保障部, 1999). 이 제도는 중국 노동부가 '취업안내 지도방법'이라는 새로운 규범을 공표한 1995년부터 시작되었으며, 2001년 기준으로 중국 전역에서 약 3000명가량의 직업지도위원이 일하고 있다. 직업지도위원이 맡은 역할은 주로 실업 노동자와의 직접적인 1:1 면접을 통하여 실업 시 발생하는 여러 가지 어려움에 대한 도움을 제공하는 것이다. 구체적으로, 실업 노동자의 연령, 학력, 그리고 기술 수준에 적합한 새로운 직업을 소개해 주며, 때로는 실업 노동자들을 대상으로 정신 · 사상 교육을 수행하기도 한다. 특히 실업 노동자의 고통과 생활고를 들어주고 이에 대한 심리적 상담을 수행하며, 새로운 직업 찾기를 대비한 준비 작업에 관하여 조언을 한다(程文義, 2004).

직업지도위원이 하는 일 중 가장 중요한 것은 시장 체제에 대한 노동자의 취업관념(就業觀念)을 바로잡는 작업이다. 즉 사회주의적인 계획경제에 익숙해 있는 노동자들이 새로운 직업관을 가지고 재취업에 도전할 수 있도록 '올바른' 사상 준비를 돕는 작업이다. '올바르다'는 의미는 크게 세 가지로 언급할 수 있는데(中國勞動和社會保障部, 1999), 그 첫 번째는 '자급자족성', 두 번째는 '사본주의적 경쟁의식', 세 번째는 새로운 경험을 두려워하지 않는 '도전의식'이다. 따라서 실업 노동자들은 너무 쉽거나(容易) 편한 일(工作轻松)을 찾지 말고, 어렵거나(苦) 더러우며(臟) 피곤하고(累) 위험한(險) 3D업종의 일도 마다하지 말아야 한다는 것이다. 하지만 실업문제가 극도로 심각한 동북지역에서는 재취업복무중심이 제 기능을 발휘하지 못하고 있다. 본 연구자가 방문했던 창춘의 경우, 시내 대부분의 재취업복무중심은 문을 닫았으며, 일부지역에서는 재취업복무중심대신 재취업시장(再就業市場)이 존재하였다. 재취업시장은 실업 노동자들이 과일, 야채, 식료품, 전화카드, 국수, 잡지 등을 마음대로 팔 수 있는 공간으로, 정부로부터 면세의 혜택을 받는다. 재취업시장이라는 공간은 결국, 실업 노동자들이 스스로 자활할 수 있는 공간을 국가가 제공하는 최소한의 배려에 지나지 않는다. 동북지역에서 찾을 수 없었던 재취업복무중심의 구체적인 활동은 동북지역이 아닌, 수도 북경에서 제한적으로나마 찾아볼 수 있었다. 아래에서 2001년 방문했던 북경의 재취업복무중심에서의 상황을 소개해 보기로 하겠다.

2001년 봄, 중국 수도 북경시에 위치한 한 재취업복무중심은 수많은 중년의 실업 노동자로 북적거리고 있었다.[16] xx구의 재취업복무중심에서 실업 노동자들은 복도에 놓여있는 긴 의자에 앉아 하나씩 자신의 차례를 기다린다. 일단 이름이 불리면, 무언가 불안한 듯한 모습으로 상담을 위해 직업지도위원의 사무실로 들어가며, 직업지도위원은 새로운 시장 체제에서의 사상개조의 중요성을 강조하기 시작한다. 그 주된 초점은 예전의 관념과 사상으로는 새로운 환경에 적응하기 어렵기 때문에 새로운 사회에 맞는 정신, 사상적인 준비(思想準備)를 해야 한다는 것이다. 이러한 상담과정에서 직업지도위원은 시장경제 체제에서의 정상적인 행동을 판단하고 교육하는 새로운 국가이데올로기의 전파자로서의 역할을 수행하게 된다. 실업 노동자들은 이러한 상담을 통해 그들이 과거에 가지고 있던 오래된 사상과 행동, 생활 습관의 문제점을 깨닫게 되며, 사고의 개혁을 통해서 새로운 시장사회에서 바르게 살아갈 수 있는 새로운 의식을 갖추게 된다. 실업 노동자들의 문제에 대한 진단과 그 구체적인 해결책을 제시하는 역할은 직업지도위원이 맡게 된다. 연구자가 관찰한 직업지도위원은 다음과 같이 실업 노동자에게 말했다.

> 지금은 새로운 시장경제 체제입니다. 과거처럼 안정되고 복지혜택이 보장되는 직업을 기대해서는 결코 안 됩니다. 일단 농촌에서 올라온 농촌이주노동자(農民工)들처럼 도전의식을 가지고 남에게 의존할 생각을 버

16) 북경의 재취업복무중심 방문은 인민대학교 B교수가 미리 협조와 양해를 구해주었으며, 방문시에도 동행하였다.

려야합니다. 일단 과거에 가지던 습관을 버리고 기대수준을 낮추세요. 그리하면 직장을 구할 수 있을 겁니다. 너무 지나치게 걱정을 할 필요는 없습니다. 우리 정부와 지도자들이 모두 관심을 가지고 도우려하고 있습니다.

재취업복무중심에서 행하고 있는 실제 수업 시간을 통해 이러한 상황을 보다 구체적으로 파악할 수 있다. 실업 노동자들이 무료로 받을 수 있는 이 수업은 '성공적인 직업 면접에 준비하는 자세'를 소개하는데, 주로 면접에서 말해야 하는 것과 말해서는 안 되는 것, 면접 시 적당한 복장, 고용주에 대한 올바른 태도 등에 대한 교육이 그 내용을 이룬다. 수업의 첫 부분은 직업지도위원의 강의로 시작되며, 또한 수업시간 도중 직업지도위원들은 실업 노동자들을 작은 팀으로 나누어 각각 면접 연습을 시켜볼 것을 요구하며 강의에서 배운 내용을 실습하게 한다. 이를 통해 실업 노동자들은 면접위원의 위치에서 어떠한 행위가 보다 바람직하며, 어떠한 행위가 금기시 되는가를 실제 몸으로 느낄 수 있게 되며 서로 또한 지적하게 된다. 이러한 수업 속에서 직업지도위원들은 끊임없이 실업 노동자들에게 자신들의 생각이 아닌, 면접위원의 위치에서 사고하고 행동할 것을 요구한다. 그들은 이제 과거의 사회주의 시대에 사는 공장노동자가 아니라 시장사회에서 실업을 겪고 있는 구직자인 것이다. 이러한 훈육과정 속에서 실업 노동자들은 새로운 시장질서 안에서 윤리적으로 바람직한 행위가 어떤 것인가를 느끼고 실천할 수 있게 되며, 또한 시장개혁의 상황 속에서 직장상사들이 기대하는 것들이 어떤 것인가를 배울 수 있는 기회를 갖게 된다.

직업지도위원의 이러한 활동은 현재 중국 정부가 수행하고 있는 실업 문제에 대한 해결 방식의 한 유형인 '탈사회주의화'의 아주 구체적인 모습을 보여준다. 대부분의 실업 노동자들은 과거 '단위체제'에서 분배방식(分配)으로 직장을 잡거나 부모의 직업을 물려받아서 일해 왔기 때문에 '시장'에 대한 이해가 부족한 것이 사실이다(Walder, 1986; Hung and Chiu, 2003). 또한 현재의 실업 노동자들은 사회주의 계획경제와 자본주의 시장경제라는 두 가지 체제의 과도기적 상황에 속한 세대라고 볼 수 있다. 이전 사회주의 혁명 세대가 대량실업 이전에 이미 정년퇴임을 하여 양로보험 및 퇴직금을 받은 세대이고, 현재 개혁·개방 이후 태어난 젊은 세대는 시장에 익숙하고 경쟁을 마다하지 않는 세대인데 비하여, 현재 실업 노동자 세대는 이들의 중간 세대로 양 체제의 전환지점에 속해 있다. 직업지도위원과의 상담은 이처럼 사회주의 시대를 경험한 실업 노동자들이 가지게 될 시장에 대한 걱정과 두려움을 최소화하고, 새로운 시장 지향적 취업관념을 북돋우기 위한 것이다(程文義, 2004). 국가의 입장에서 바람직한 실업 노동자 상이란, 어려움을 견뎌낼 수 있고(能吃苦, 不怕受累), 스스로 알아서 직업을 찾을 수 있는 자급자족형의 노동자들(人得靠自己)이다. 새로운 시장 상황 안에서 자신의 밥그릇을 국가나 직장이 제공하기를 기다리는 것(等飯碗)은 바람직하지 않으며 스스로 찾아나가야(找飯碗)한다는 것이다.

이러한 작업들은 앞서 마크 블렉커의 연구(2002)에 관한 논의에서 지적한 바와 같이, 중국 실업 노동자들의 저항이 왜 미약한지를 이해할 수 있는 하나의 단초를 제공해 준다. 직업지도위원과의 상담은 실업 노동자들이 가질 수 있는 불평 · 불만과 국가에 대한 도전을 약화시키고, 실업문제를 거시적, 구조적 차원보다는 개인적 차원에서 극복하는 것이 바람직하다고 생각하게 만드는 계기가 될 수 있다. 뿐만 아니라 직업지도위원과 실업 노동자의 상세한 상담을 통하여 시장에 적합한 규범화된 새로운 행위 양식을 만들어 내고 그를 통해 실업 노동자들을 교화하고자 하는 것이다. 실업의 경험을 통해 노동자들은 앞으로 정부를 찾거나 직장에 의존하지 말고(不能找政府, 也不能找單位), 자급자족적인 방식으로 문제를 스스로 해결해 나가야 한다고 노녁적, 윤리적으로 훈육되는 것이다.

중국의 실업 노동자들에 대한 이 사례 연구를 통해 우리는 일부 신고전파 경제학자들이 주장하는 것처럼 시장행위를 하는 합리적인 경제적 인간(Homo Economicus)이 저절로 자연스럽게 생성되는 것이 아니라, 국가의 미시적인 기술에 의해서 창출되는 것임을 알 수 있다. 재취업복무중심의 대부분의 활동은 주로 실업 노동자들의 사상을 개조하고 그들의 직업관을 바꾸어 탈사회주의적인 시장 상황에서 살아남을 수 있도록 도와주는데 초점이 맞추어져 있다. 직업지도위원의 상담은 노동자의 좌절과 억압을 치료하며, 그들의 처지를 위로함으로써 국가가 아직도 이들을 포기하지 않았다는 사실을 끊임없이 일깨워 준다. 직업지도위원은 시장경제에 대한 올바른 지식과 권력을 동시에 소유한 새로운 행위자로 볼 수 있다.

하지만 실업 노동자를 위한 이러한 재취업복무중심의 활동은 근본적으로 한계를 가질 수밖에 없다. 개혁 · 개방 이전의 노동자들에게는 종신적으로 직업이 보장되었으며, 직업에서 요구하는 기술 교육은 직장이 확보된 이후에 제공되었다. 현재의 상황은 이와는 정반대로, 지금 재취업복무중심에서 기술을 획득한다고 해서 그것이 곧바로 새로운 직장의 확보로 연결된다는 보장은 전혀 없다. 더구나 모든 기술교육이 무료인 것도 아니다. 극심한 생활고에 시달리고 있는 대부분의 실업 노동자들이, 재고용에 대한 보장이 확실하지 않은 상황에서 새로운 기술을 배우기 위해 몇 개월 간 시간과 돈을 투자하는 것은 결코 쉬운 일은 아니다. 따라서 재취업복무중심에서의 교육과 훈련은 다분히 훈육적인(disciplinary) 이데올로기나 사상의 차원에서 이루어지게 되는 것이다.

중국 사회과학원에서 발간하는 사회청서(社會藍批書, 2003)에 따르면, 2002년의 경우 실업 노동자들의 재취업률은 겨우 15%에 그치고 있다. 이는 실업에 대한 제도적 해결방법이나 국가의 지원이 가시적인 성과를 거두지 못하고 있음을 드러낸다. 현재 시장화의 물결에 따라 발생하고 있는 대량실업에 대한 효과적인 해결책은, 오직 노동자가 자립적으로 해결하는 방식뿐인 것으로 보인다. 제도적 차원의 지원기관인 재취업복무중심은 재취업을 시도하는 노동자들에게 큰 도움이 되지 못하는 한계를 갖는다. 한 가지 통계를 예로 들자면, 장춘의 경우 실업 노동자의 5분의 4 가량이 아직도 일자리를 찾지 못하였고, 운 좋게 일자리를 찾을 수 있었던 소수의 경우도 국가의 도움이 아닌 스스로 해결하는 방식을 통한 것이 대부분이다.[17] 장춘에서 만난 한 실업 노동자는 재취업복무중심의 활동과 지원에 대해서 이렇게

17) 장춘시 사회보험국에서 얻은 통계.

평가하고 있다.

> 재취업복무중심? 무슨 재취업복무중심? 전혀 들어본 적이 없어요. 정말로 국가가 우리한테 새 직장을 소개해 주고 신기술을 훈련시켜준다면, 왜 우리를 정리해고 시켰겠어요? 상식적으로 전혀 말이 안 되지요. 일단 직장을 뺏었다 다시 주었다, 장난치는 것도 아니고(甚麽開玩笑).[18]

### 3) 담론 변화에 의한 탈사회주의화

중국노동자에 대한 시각의 탈사회주의적 변화는 담론과 개념의 차원에서 극명하게 이루어졌다. 특히, 문화혁명시기 사용하던 '계급'이라는 개념에서 벗어나 '계층' 개념으로 이행하는 급격한 변화는, '단위인(單位人)'에서 '사회인(社會人)'으로 전환되는 인식상의 변화를 보여준다(Anagnost, 1997; Dutton 1992). 중국의 지식인 량샤오셩(梁曉聲, 1997)에 따르면, 마오쩌둥의 계급 개념은 반진보주의, 보수주의, 부농, 지주, 자본가의 '다섯 가지 검은 반동계급(黑五類)'과 노동자, 빈농, 군인, 간부, 혁명적 순교자의 '다섯 가지 붉은 계급(红五類)'이 양분구도로, 이들 계급들 간에 화해할 수 없는 충돌과 갈등이 존재함을 전제하고 있다. 량샤오셩에게 이와 같은 계급의식은 단순하고 위험하며 문화혁명을 연상케 하는, 계급투쟁과 갈등이론에 기반을 둔 양분 논리·흑백 논리이다. 그에게 있어서 문화혁명 이후 현재의 중국에 필요한 것

18) 2001년 5월에 이루어진 장춘에서의 인터뷰.

은 더 이상 계급투쟁과 갈등을 외치는 것이 아니라, 사회 통합을 함축하며 상호의존적인 사회계층 개념을 창출하는 것이다. 문화혁명과 같은 정치·사회적 혼란이 다시금 발생되어서는 안 되며, 따라서 새로운 중국은 보다 화합적이며 통합적인 개념을 필요로 한다는 것이다. 이러한 논리에 따라 최근 중국 지식인들이 공식석상에서 경제, 사회, 정치적 불평등을 지칭하기 위해 사용하는 개념은 '사회주의적인 계급(階級)'이 아니라 '탈사회주의적인 계층(階層)'이다. 이제 사회주의국가에서 오히려 계급이라는 개념 사용을 피하고 있는 것이다.

또 다른 변화는 중국 공산당이 선정하는 '모범 노동자(勞動模範)'의 개념 변화와 자본가의 공산당 입당이라는 현상에서 찾을 수 있다. 중국 공산당은 2001년 10월 1일 당 설립 80주년 기념식에서 자본주의 기업가들의 공산당 입당을 허용하였다. 과거에 인민의 적이었던 자본가들이 이제는 공산당으로부터 환영을 받는, 혁명적인 변화가 발생한 것이다. 또한 2002년 5월 1일 노동절에는 17명의 자본가가 모범 노동자(勞動模範)로 임명되었다. 16대 당 의회에서는 자본가가 대표로 선출되기도 하였다. 이러한 최근의 움직임을, 중국 공산당이 자본주의와 시장 체제를 받아들이고 이를 공식적으로 이데올로기화한 것으로 해석할 수 있다.

> 현재의 이러한 변화는 사상의 해방을 의미한다. 사회를 위하여 부를 창출하고 자본을 축적할 수 있다면, 누구든지 그들의 배경에 관계없이 중국 특유의 사회주의 건설에 이바지하는 공헌자이다. 부를 창출하기 위한 정직한 노동, 합법적 사업, 활동적 노력은 모든 사람들에게 장려되어야

한다. 그렇게 함으로써 그들은 사회주의에 공헌하는 것이다(人民日報 2002-11-14).

과거 개혁 · 개방 시대 이전에 착취자였고 공식적으로 인민의 적이었던 자본가들은 현재 공산당원, 모범 노동자, 심지어 '사회주의 시장경제'라는 슬로건 아래 공산당의 영웅이 되고 있다. 이러한 현실은 장쩌민의 '세 개 대표(三個代表)'에 의해 이데올로기적으로 정당화된 것이다. 이 이데올로기는 공산당이 제일가는 생산력과 가장 진보된 문화, 그리고 인민대중의 총체적인 이익을 대표해야만 한다는 것을 의미한다. 이는 특히 중국 공산당이 기술자, 전문 기업인, 경영인, 자본가를 포함하는 모든 중국 시민의 당이 되기를 열망하며, 단순히 노동자의 당으로 존재하는 것에서 벗어나야 한다는 지향을 함축한다. 이러한 시각에서 자본, 기술, 과학 그리고 경영은 중국에서 부의 생산과 생산력의 발전에 기여하는 요소로 간주된다(中共中央党校出版社, 2001). 또한 과거와 달리 오직 국영 기업의 노동자에게 특권적 지위를 주는 것은 불공평하거나 적절하지 않으며, 그 잉여 가치는 노동자에 의해서만이 아니라 자본가에 의해서도 창출된다는 것이다. 이와 같이 중국 사회에서 최근에 나타나고 있는 일련의 현상들은 개혁 · 개방 이전 문화혁명 시기와는 대조적인 이데올로기와 정치적 기준을 보여주고 있다.

매년 발행되는 중국인물연감(中國人物年鑑)에 실린 모범 노동자의 개념과 그로 선정된 이들의 성격이 이전에 비해 혁명적으로 바뀌었다는 점에서도, 노동자의 개념이 급속도로 변화했음이 확인된다. 그 급속한 변화는 1998년과 1999년에 중국공회(中國工會)에서 지정한 모범 노동자들의 차이에서 극단적으로 드러난다. 중국공회는 매년 노동절에 중국 전역에서 가장 우수한 열 명의 노동자를 모범 노동자로 선출하는데, 1998년과 1999년 사이에 커다란 변화가 발생하였다. 우선 개념적인 차원에서, 1998년에는 아직도 '공인(工人)'이라는 개념을 사용하고 있었던 반면 1999년에는 보다 넓은 '직공(職工)'이라는 개념을 사용하고 있다. 이는 노동자의 개념이 단순히 공장 노동자, 블루칼라 노동자만을 포함하는 것이 아니라 이를 넘어서 보다 확장되고 있음을 의미한다. 개념적 차원에서의 이러한 변화와 함께, 실제 선출된 모범 노동자들의 직업 측면의 변화에서도 실제적인 변화를 확인할 수 있다. 아래의 〈표 4〉와 〈표 5〉에서 나타나는 바와 같이, 1998년에 전국 10대 모범노동자로 선정된 사람들은 다분히 정통 맑스주의에서 노동자의 개념으로 규정되는 작업장 노동자들과 블루칼라 노동자들이다. 그러나 1년 뒤인 1999년에는 위에 언급한 '직공'으로의 개념적 변화에서와 마찬가지로, 비행사, 교사, 반장, 주임, 설계사 등 보다 포괄적이고 다양한 배경을 가진 사람들이 모범 노동자로 선정되었다.[19] 이에 더하여, 모범 노동자로 선정된 사람들의 교육수준의 측면에서도 질적 변화가 발견되고 있다. 1998년에 선정된 모범 노동자 중에는 대학 출신이 전무하고, 대개 초등학교, 중등학교, 고등학교 등의 기초적인 학력 수준을 가진 사람들이다. 이에 반해 1999년에 선정된 모범 노동자들은 대부분 대학, 전문대학, 사범학교 등의 학력을 가지고 있다. 아래의

19) 영어식으로 정리하면 worker에서 employee로 바뀌었다고 하겠다.

〈표 4〉와 〈표 5〉는 이러한 변화를 자세히 보여주고 있다.

**〈표 4〉 전국 10대 모범 노동자(工人) (1998년)**

| 이름 | 생년 | 출신 지역 | 당원 여부 | 교육 수준 | 직업 |
|---|---|---|---|---|---|
| 왕타오 (王濤) | 1955 | 호북 | 당원 | 고등학교 | 호북성 동풍자동차회사 조립공장 조정공 |
| 장찬성 (張彦生) | 1963 | 성서 | 당원 | 중학교 | 동파탄광 석탄 채굴공(광부) |
| 아이아이궈 (艾愛國) | 1951 | 호남 | 당원 | 중학교 | 호남 건안철강회사 용접공 |
| 린쥐펑 (林菊風) | 1956 | 귀주 | 당원 | 중학교 | 귀주 항공공업회사 서남공구공장 인마공(칼 가는 인부) |
| 종셩 (鐘聲) | 1964 | 사천 | 당원 | 중학교 | 중경 철도국 중경여객운수 철도원 |
| 양샤오후 (楊小虎) | 1951 | 강소 | 당원 | | 남경 강해그룹 강소호 627륜 13선대 선박선장 |
| 류티에얼 (劉鐵兒) | 1942 | 광동 | 당원 | 교육경험 전무 | 광주시 남양전기공장 운수반 반장 |
| 차오루오셩 (曹羅生) | 1948 | 강서 | 당원 | 초등학교 | 체신국 우체부 |
| 장웨이동 (張維東) | 1946 | 요령 | 당원 | 고등학교 | 요령성 안산시 제3건축공정 공사 노동자 |
| 디지주오가 (德吉卓嘎) | 1942 | 서장 (티벳) | 당원 | 초등학교 | 티벳 자치구 라사 시정 정비관리처 노동자 |

〈표 5〉 전국 10대 모범 근로자 (職工) (1999년)

| 이름 | 생년 | 출신 지역 | 당원 여부 | 교육 수준 | 직업 |
|---|---|---|---|---|---|
| 판위루 (范玉怒) | 1951 | 천진 | 당원 | 대학교 | 천진 건공그룹 제3건축공정 유한공사 경리 |
| 장웨이 (張瑋) | 1953 | 하남 | 당원 | 대학교 | 하남 평정산 석탄집단공사 전장선탄장 수리공장 감독반 반장 |
| 류진핑 (劉晋平) | 1945 | | | 전문대학 | 중국국제항공공사 비행총대 제5비행대대 대대장(파일러트) |
| 류스추안 (劉石泉) | | 호북 | 당원 | | 중국 삼강 항천그룹 설계소 부 총설계사 |
| 조우훼민 (周惠敏) | 1955 | | | 대학교 | 산동성 치금 과학연구원 방부패연구실 주임 고급공정사 |
| 왕신추안 (王新全) | 1964 | | 당원 | 전문대학 | 중국 원양운수총공사 선박기관장 |
| 공리밍 (孔利明) | 1955 | | 당원 | 전문대학 | 상해보산철강 운수공사 전기 수리공 |
| 류즈양 (劉志佯) | 1965 | | 당원 | 중학교 | 철도부 4국 2처 6단 목공반 반장 |
| 란슈치앙 (冉樹蒼) | 1951 | | 당원 | 사범학교 | 감숙성 회녕현 두한향 중만초등학교 교장 |
| 라오차이푸 (饒才富) | 1937 | | 당원 | 초등학교 | 농업은행 복건성 용암시 홍방영업소 주임 |

출처: 중국인물연감(中國人物年鑑) 1999년: 153-156, 2000년: 171-174 요약 및 정리

위의 두 표에서 보이는 바와 같이 모범노동자에 대한 개념적 규정과 실제 선정된 모범노동자들의 구성상에서 나타나는 변화는 중국 개혁 · 개방의 과정에서 '정상성'의 개념이 바뀌고 있으며, 모범 시민으로

서의 윤리적, 개념적 기준도 바뀌고 있음을 보여준다. 과거의 모범적인 노동자가 맑스주의 원칙에 충실한 프롤레타리아 공장 노동자를 지칭하였다면, 현재 탈사회주의적인 상황에서는 보다 다양한 사람들이 노동자로 불리고 있으며, 심지어 자본가 역시 모범 노동자의 범주에 포함되고 있는 것이다. 중국 사회 내에서 주인의 지위를 차지하며 노동 귀족으로까지 지칭되었던 국영기업 노동자들의 특권은 점차 사라지고, 노동자로서의 독점적인 지위 역시 도전받고 있다.

이러한 변화는 불평등을 바라보는 학문적, 공식적 개념에서도 역시 계급을 벗어난 탈사회주의화가 이루어지고 있음을 의미한다. 이를 보다 구체적으로 설명하자면, 사회는 계급 간의 대립구도가 아니라 화합과 통합의 구도로 파악되어야 하며, 따라서 중국 공산당은 노동자들, 농부들, 지식인들만의 이익을 대표하기를 멈추고, 자본가를 포함한 전체 사회 구성원 모두를 대변해야 하는 상황에 이르렀다는 것이다. 이러한 변화는 사회주의 노동자의 탈계급화, 탈정치화를 의미하게 된다. 탈사회주의 이행의 과정에 서 있는 중국 사회에서 국가는 더 이상 그 도덕적 권위를 단순히 '노동자의 국가'로만 주장하기는 어렵게 되었다. 따라서 최근 중국에서 나타나고 있는 현상은, 국가가 사회주의의 이데올로기를 넘어 이제는 전 국민의 이해를 대표해야만 한다는 변화의 요구에 직면한 현실적인 상황을 반영한 결과라고 할 수 있다.

## 3. 소결

21세기 중국에서 일어난 대규모 실업과 이에 대한 중국 정부의 대응을 통해, 중국 사회주의 체제에서 과거와는 다른 혁명적인 변화가 나타나고 있다는 사실을 읽을 수 있다. 이제는 국영기업에서 실직한 노동자들이 국가나 옛 직장으로부터 거의 도움을 받지 못하며, 단지 거리의 행상인이 되거나 장기 실업자로 전락하고 있다. 대부분의 실업 노동자들은 비공식 영역에서 불안정한 비정규직의 고용 형태나 각종 서비스 경제에서의 가채용, 혹은 일시적인 파트타임 노동자로 어렵게 생계를 유지한다. 이러한 상황에 대한 중국 정부의 대응은 주로 실업 노동자들에게 새로운 시장의 논리와 경제적 합리성의 개념을 소개하는 것이며, 이 연구에서는 이를 탈사회주의적인 과정으로 규정하였다. 보다 구체적으로 중국 실업 노동자들의 탈사회주의화 과정에서 전개되는 국가의 구체적 지배 기술들, 즉 과거의 사회주의적 사상과 습관, 태도 및 행위를 극복하고 새로운 시장 논리를 받아들이도록 만드는 국가의 지배 기술에 대해서 논의해 보았다.

이번 장에서 지적하고 있는 탈사회주의적인 측면은, 오직 자립자족적으로(自謀職業) 스스로의 활로를 개척한 실업 노동자만이 시장경제 체제 아래에서 살아남을 수 있다는 국가의 새로운 이데올로기와 이를 실행하는 구체적인 국가의 기술(technology)들이다. 이제는 과거 개혁·개방 이전 시기와는 달리 경제적으로 합리적인 시장 행위가 도덕적으로 바람직하게 된 것이다. 본문에서 지적한 바와 같이, 중국 정부는 시장 체제로의 전환에 있어서 새로운 모범 노동자 개념을 창출하고 실업 노동자들을 대상으로 사상교육 시킴으로써 과거와 다른 새로운 양식의 신자유주의적이고 합리적인 행동을 장려하고 있다. 사회주의에서 탈사회주의로의 이행에 있어서 이제 노동자 국가나 계획 경제가 아니라 바로 시장이 하나의 유토피아로 부각되고 있다. 거듭 강조하듯이, 이러한 변화는 결코 저절로 이루어지지는 않는다. 시장화와 탈사회주의화는 보이지 않는 손(看不見的手)인 시장에 의해서 자동적으로 창출되는 것이 아니다. 시장이 지배적인 메커니즘으로 부각되는 상황에서도 국가는 여전히 사고와 습관, 행동에서 탈사회주의화에 중요한 역할을 한다. 재취업공정의 시행은 중국을 현대화하고 시장논리와 법의 지배를 시민에게 교육시키기 위한 국가의 훈육 기술을 반영하고 있는 것이며, 여전히 이데올로기적으로 통제되고 관리된 채로 진행되는 시장 개혁의 모습을 보여준다.

# 제5장

# 탈사회주의 중국의 사회주의 세대: '따마'의 사례[20]

중국의 당대 사회주의 특징을 이야기할 때 흔히 세 가지 '하(下)'가 있다고 말한다. 마오쩌둥 집권 시기인 문화혁명시기에는 '하방(下放)' 또는 '하향(下鄉)'으로 수많은 지식인과 청년들이 강제 노동에 시달렸으며, 80년대에는 '하해(下海)'로 새로운 기회를 찾아 많은 사람들이 동쪽 연안 지방으로 이주 했고, 그 이후 21세기 초반에는 '하강(下崗)'으로 수많은 노동자들이 실업자로 전락하고 밀았나는 것이다. 개혁·개방 이전의 중국 노동자들은 국영기업에서 제공하는 각종 사회복지 제도 등을 향유하며 평생직장을 누리는 노동귀족이었으나, 최근에는 시장화와 국영기업의 개혁으로 말미암아 사회적으로 보호받지 못하

20) 5장은 창잉(常颖)과 공동으로 작성하였다.

고 시장 체제로 편입되는 상황에 놓이게 되었다(Lu and Perry, 1997; Walder, 1986).

이번 장에서 논의하는 '행위자'들은 사회주의 시기의 문화혁명을 거치며 하방을 경험한 이후, 21세기에는 하강을 경험한 세대이다. 현재의 새로운 탈사회주의 시대를 살아가고 있는 예전의 사회주의 세대라고도 할 수 있다. 사회주의의 극단적 형태라 할 수 있는 문화혁명을 경험한 동시에, 신자유주의적 불확실한 시장 체제를 겪은 중국의 양극단을 경험한 세대인 것이다.

중국의 50년대 60년대에 태어나 문화혁명을 경험한 이들 사회주의 세대는 흔히 빠링허우라고 불리는 개혁개방 1세대와 구별되는 독특한 특징을 가지고 있다. 이 세대는 사회주의 공유제시기를 경험하고, 문화혁명을 겪었으며, 21세기에 들어서는 노동시장 개혁을 경험한 세대이다. 흔히들 빠링(80)허우, 쥬링(90)허우로 언급되는 신세대가 개혁개방 이후에 태어난 시장경제세대이고, 30년대 40년대 세대들은 노동시장개혁 이전에 은퇴를 해버렸던 계획경제세대라면, 이 세대는 시장경제와 계획경제를 모두 경험한 사회주의에서 자본주의로의 이행기 세대라고 할 수 있다. 다시 말해, 빠링후 이후의 세대가 시장경제 이후에 태어나 경제성장의 혜택을 보면서도 노동시장에서의 치열한 취업경쟁을 경험하고 있는 본격적인 자본주의 세대라면, 본 장에서 논의하는 세대는 사회주의와 자본주의의 혼합세대라고 할 수 있다. 중국사회의 거대한 변환을 직접 경험한 이들은 어린 시절에 '인민을 위해 복무하라(為人民服務, Serve the people)'라는 헌신적 사상을 배우며 살다가, 현재는 '자력갱생(自力更生)'이라는 신념을 배우고 실천하며 살아가는 중국 시장의 발전과 함께 성장한 세대이다.

현재 중국 세대연구는 개혁개방 이후 산아제한 정책의 첫 번째 세대로 태어난 '빠링허우'와 '쥬링허우' 세대에 집중되어 있다. 이들은 집안의 유일한 자녀로서 부모의 사랑을 독차지하며 '샤오황띠(小皇帝)', '샤오궁주(小公主)'라는 별명을 얻었다(风笑天, 2004). 또한, 세대갈등과 세대 격차를 연구에서 기성세대 사람들은 서구적 또는 현대적인 사물에 거부감이 강하고 권위주의적이라고 평가된다. 더 나아가, 이들은 공동체주의의 영향 하에서 사회주의의 유산인 난위제를 선호하고 집단적 성향이 신세대보다 강한다고 묘사된다(형요, 원재연, 2015).

이번 장에서는 중국사회의 거대한 변환을 치열하게 경험했던 사회주의 세대의 특징에 대해 집중적으로 논의하고자 한다. 마오쩌둥 시기에 강조했던 사회주의적 집단의식과 헌신정신(獻身精神), 그리고 자본주의 시장경제가 불러온 신자유주의적 사상과 경쟁의식이 충돌하고 조화하며 '이행세대'에게 사회주의/자본주의가 양립하는 이원적 정체성을 만들어냈다. 본 장에서는 이행세대 중 젠더경험을 했던 어머니세대, 즉 '따마(大妈)세대'의 경험에 대해서 초점을 맞춘다. '따마'라는 단어는 우리말로 직역하자면 '큰 어머니'로서, 중・노년층 여성에 대한 손칭이다. 그렇지만 현재 '따마'라는 단어는 언론에서 어머니세대를 희화화하는 등에 쓰이게 되었으며, 이 개념의 대상들은 낙인화 되고 주변화 되곤 한다. 물론 '따마'들에 대한 긍정적인 평가도 있지만 '교양없다', '무지하다(無知)'등의 언설을 통해 이들을 전근대적인 인간으로 비판하는 경우가 부지기수다.

또한, 외국 언론매체의 따마들에 대한 보도에서도 '전문 소양이 부족한' 혹은 '문제를 일으키는' 등의 수식어가 자주 등장해 이들이 '근대적'이지 못하다는 풍자적 의미가 읽혀진다.[21] 중국의 한 여론조사[22]에 따르면 51%의 기사에서 '따마'의 이미지를 부정적으로 평가했다. 이 기사들에서는 '따마'를 '무시무시하다(彪悍)', '맹목적으로 다른 사람을 따라한다', '무식하다', '비합리적이다' 등의 수식어를 통해 묘사한다. 이번 장은 기존 언론에서 비춰진 '따마'의 이미지를 재검토하고자 한다.

따마들은 공통적으로 중국 사회의 급격한 변화, 즉 사회주의 계획경제에서 자본주의 시장 경제로 변화하는 이행기를 경험했다. 이러한 변화는 중국사회에 과거와 다른 새로운 시장질서를 가져와 사람들의 생활양식과 가치관을 자본주의적으로 변화 시켰다. '단결(團結)'과 집단주의를 강조하는 마오 시대의 사회주의적 정신은 개혁개방 이후 시장경제가 가져온 '개인주의' 사상과 만나서 '따마'들의 혼합적 정체성을 형성하게 된다.

## 1. 방법론

이번 장에서 연구대상으로 삼는 따마들은 주로 북경지역에 거주하는 여성들이다. 북경은 수도이자 국가의 정치적 중심지로서, 마오 시

---

21) 중국 따마들에 대한 외국 매체의 평가는 좋지 않다. "Chinese dama slammed for 'disgusting' behavior on flight(Ming Pao Daily)", "Dama Queens: China investigates auntie demolition team" 등 기사에서 "따마"들의 행위에 대해 '이해할 수 없다' 또한 '소양이 없다'라고 평가하였다.

22) 출처: 人民網. 2016. "當代中國大媽的媒體形象研究—基於新浪網的框架分析", 3월 29일. http://media.people.com.cn/n1/2016/0329/c403454-28235490.html

대에 공산주의 사상을 집중적으로 교육하고 실천해 나간 지역이다. 북경의 따마 세대는 당시 혁명에 대한 열정이 가장 강렬한 집단이라고도 불린다(最紅色的一代人). 사회주의 계획경제의 선구자 역할을 했던 북경인들은 마오 시대의 국가적 감시로 인해 마오쩌둥 사상을 적극적으로 받아들였으며, 개인의 삶이 정부나 단위 등 사회주의적 특징들과 긴밀하게 연결되어 있었다.

이번 장에서 다루고 있는 따마 세대들은 주로 50년대와 60년대에 태어나 문화혁명을 직접적으로 경험한 세대로, 중국 사회의 급격한 변화를 생생하게 거쳐 온 세대이다. 1980년대 개혁개방 이후 태어난 자본주의 신세대는 비교적 풍족한 물질적 환경과 개인주의적 환경에서 자라며 시장경제의 풍요를 누렸던 세대라고 볼 수 있다. 반면 따마 세대는 문화혁명을 겪으며 깊게 믿고 투신해 온 마오쩌둥 체제가 시장경제로 급격하게 변화하는 모습을 목도하였다. 이러한 경험을 가진 따마 세대의 성격은 시장경제의 영향을 지배적으로 받은 신세대보다 복잡한, 사회주의와 자본주의 경험을 모두 포괄하는 것으로 볼 수 있을 것이다.

마오쩌둥 시기에 국가적 정치운동과 계급투쟁에 참여하는 여성은 남성과 형식적으로 동등한 지위를 가질 수 있었다 과거 가정에서 사회로 나가 생산노동에 적극적으로 참여하며 '노동자'로서 사회주의 경험을 했던 이들은, 개혁개방 이후 시장화에 따라 발생되는 젠더불평등 또한 경험하게 되었다.

이들에 대한 심층면접은 2016년 중국 북경지역에 거주하며 일반 노백성(老百姓)이라 불리는 중국노동계급의 따마들을 대상으로 실시하였다. 심층면접을 통해 북경지역 따마들의 어린 시절 경험, 노동경험, 가사분담, 여가생활 등을 조사함으로써, 중국 사회 이행기에서 이들의 삶의 경험과 생각을 해석하고자 하였다. 또한, 따마들의 경험과 의식 변화, 현재 노후준비 상황 등을 파악하여 사회의 변화 속에 어떠한 느낌을 갖고 있는지 등을 조사하였다.

## 2. 사회주의 중국 세대연구

이번 장에서 논의하는 기성 따마 세대들은 문화대혁명으로 인하여 정식 학교 교육을 제대로 받지 못했으며, 그 이후 정부가 분배(分配)한 대로 직장생활을 시작했었다. 개혁개방을 경험하는 와중 노동시장 개혁으로 말미암아 하강이라는 중국식 정리해고 역시 경험하게 되었다. 즉 사회생활의 시작은 매우 사회주의적이었지만 은퇴는 시장경제를 통해 경험하였던, 진정한 의미의 탈사회주의시기의 사회주의 세대라고 할 수 있다.

중국의 사회학자들은 중국인의 세대를 구분할 때 보편적으로 쿠퍼슈미트(Kupperschmid)의 세대 개념, 즉 같은 시기에 출생하고 같은 연령층에 속해 있으며 중요한 인생 발전 단계에서 중요한 사건들을 공유하는 그룹이라는 개념을 사용한다. 이를 통해 중화인민공화국 성립 후에 중요한 역사적 사건을 중심으로 중국인의 세대를 구별한다. 중국에서는 정치적으로 1-5세대 지도부라는 표현이 빈번히 사용된다. 일반적으로 중국에서 가장 많이 사용하는 세대구분은 코호트에 따라 우링허우(50後), 류링허우(60後), 치링허우(70後), 빠링허우(80後), 쥬링허우(90後)로 나눈 구분법이다. 이는 10년을 단위로 하여 세대를 구분하는 방식이다.

그렇지만 정치 · 사회적으로 경험연구가 크게 늘어나는 추세에도 불구하고, 현재 세대연구의 현황은 많은 연구에서 발견되는 오류로 인해 생산적인 논의가 이뤄지지 않고 있는 형편이다.

한편 '50후'와 '60후'라는 표현은 '바링허우'라는 용어가 유행하게 된 이후에 사용되었다. 언론에서는 신세대인 '빠링허우' 또는 '죠링허우'와의 구별을 위해 1950년대에서 1960년까지 출생하는 사람을 '50후'와 '60후'라고 칭한다. 이들의 세대 간 이질감에 대한 비교 결과는 〈표 6〉과 같다.

**〈표 6〉 기성세대와 신세대의 비교**[23]

| | 기성세대 (70년대 및 이전 출생) | 신세대 (1980년대 90년대 출생) |
|---|---|---|
| 국제사회 | 산업화 | 정보시대 |
| 중국사회 | 문화혁명, 하방운동 | 개혁개방, 경제발전 |
| 문화 | 집단생활/단위제: 공동체의식, 권위주의, 보수적 | 신자유주의, 한자녀 정책 창의적, 모험적 |
| 경제 | 계획경제: 공유제 가난한 시절: 저축지향 | 물질주의적 지향/ 소비와 투자 지향 |

개혁개방 이후 시장 경제체제의 도입으로 인해 많은 따마가 노동시장에서 정리해고인 하강(下崗)을 경험하였고, 예전과 같은 안정된 공동

23) 출처: 〈80 年代到 90 年代的文化政治〉 · 〈70 后, 80 后, 90 后特點區別〉

체 생활을 하지 못하게 되었다. 정보화된 중국사회에서 언론의 보도는 인터넷 등 스마트 세계에 익숙한 신세대의 시각을 중심으로 구성된다. 그리고 언론의 방향을 주도하는 신세대의 시각에서 기성세대는 '소양이 부족한', '이해할 수 없는 비정상적인 행위를 하는' 세대로 그려진다.[24)]

개혁개방의 시작 이후 탈사회주의 전환과정을 경험한 중국인들은 과거 사회주의적 집단주의 의식에서 벗어나 자기 자신을 중심으로 자아발전을 추구하며 새로운 정체성을 만들어 가고 있다. 이러한 현상을 개인화(individualization)라고 부르는데, 개인화 과정에는 중국의 새로운 세대의 특징이 반영된다. 현재 신세대들은 자신들의 개인생활을 '各顾各(서로 각자 생활한다)' 또는 '过独了(자립해서 생활한다)'라는 표현을 통해 묘사 한다(Wang, 2014: 9). 과거 사회주의 세대들에서 발견되는 집단주의적인 경향인 一起干(같이 더불어 일한다)에서 변화가 나타나고 있는 것이다.

## 3. 사회주의 노동자에서 탈사회주의 따마로

### 1) 따마들의 출생기와 성장기(1949~1979): "하늘 절반을 차지한다."

1949년 신중국 성립 이후 혼인법의 제정과 여성의 생산노동 참여 같은 제도적 변화를 통해 중국 여성의 지위가 변화하였다. 그렇지만

24) 출처: 人民網. 2016. "當代中國大媽的媒體形象研究—基於新浪網的框架分析", 3월 29일. http://media.people.com.cn/n1/2016/0329/c403454-28235490.html.

여전히 여성이 자신들에게 고유한 문제를 제기하는 것은 부르주아적 행위로 여겨져 금지되었고, 여성은 '인민'으로서 국가의 통제를 받고 국가에 충성심을 지켜야 했다는 측면에서 여느 인민과 같이 자유로운 발언권을 향유하지 못했다.

마오쩌둥은 신중국 성립 이전부터 가부장적 가족제도를 타파하고 사회주의 문화에 어울리는 새로운 문화를 만들고자 했다. 그는 중국의 전통적 권위체제를 타파하지 않고서는 공산사회를 건설할 수 없다고 여기고 1950년에 『중화인민공화국혼인법(中華人民共和國婚姻法)』을 시행하였다. 이 법은 여성 배우자의 자유선택권을 보장하고 일부일처제를 규정하였다. 그렇지만 중국정부는 『혼인법』이 공표된 지 1년이 지난 후 시행상황을 검토하게 되었는데, 이 보고에 따르면 대부분의 지역에서 지도자와 간부들이 『혼인법』을 명확히 이해하지 못했고 심지어 어떤 간부는 혼인법 집행을 거부하고 구습을 지지하기도 했다.

『혼인법』의 시행은 여성의 일부 권리를 보장해주었지만, 당시 사회에서 가부장적 사상의 잔재는 아직 제거되지 못하였다. 따라서 당시 유년기 시절을 보내고 있던 중국 따마 가운데 일부는 여전히 '남존여비(重男輕女)' 관념에 집착하는 가정에서 자라왔다. 다른 한편 『혼인법』이 제정으로 여성들의 법적인 권리는 보장되었지만, 남성과 달리 여성은 가정과 사회적 일을 동시에 책임져야만 했다. 실례로, 마오쩌둥은 '여자는 절반 하늘을 차지하고 있다'라고 말하면서 남성이 할 수 있는 것은 여성도 할 수 있다는 것을 강조했다. 이로써 여성도 생산노동에 참여하게 되었지만, 이 시기의 여성들은 생산노동과 가사노동을 동시에 해야 하는 이중의무를 수행하고 있다.

이와 같이 남녀평등을 보장하기 위한 제도적 개혁은 어느 정도 갖추어졌지만, 실제적으로 여성은 이중적 억압을 받고 있었다. 또한, 잔존하는 국가의 여성에 대한 통제에서 중국정부의 숨겨진 가부장성을 엿볼 수 있었으며, 이는 사회적으로 가부장 권력이 재생산될 수 있는 환경을 조성했다.

따마들은 어린 시절부터 '여자는 절반 하늘을 차지하고 있다'라는 구호의 수혜를 받는 듯 보이지만, 동시에 젠더 불평등에 점차 노출되는 과정을 겪는다. 이들은 생산노동을 통해 돈을 벌거나 가족을 양육하는 책임은 없지만, 장녀의 신분이라 동생 등 다른 가족 구성원을 보살펴야 할 책임이 있었다. 예컨대, 부모가 집에서 나가면 장녀는 어머니의 역할을 도맡아 집에 있는 동생들을 돌봐야 했던 것이다. 당시는 같은 단위에 속한 사람이 같은 건물에 거주하거나 마당을 공유하는 경우가 종종 있었으므로 집단생활을 하는 어린 따마들은 때때로 이웃의 아동들도 돌봐주곤 했다. 그렇지만 당시 남성에게는 이러한 돌봄 역할이 주어지지 않았다. 장남에게는 가정의 제일 좋은 것만을 제공하면서 국가에 유용한 인재가 되기를 기대했고, 돌봄보다 큰돈을 벌 수 있는 노동 능력을 요구했다. 따라서 당시 사회에는 남녀평등의 사상이 명목상 존재했음에도 불구하고, 실제 남성과 여성은 상이한 역할을 담당하고 있었다는 점에서 따마는 젠더화 과정을 겪게 되었다.

이 시기에 모든 생산 활동은 단위로 조직되었고 거주하는 숙소도 단위가 제공했었다. 단위는 사회의 기본 구성요소로서, 단위가 제공하는 숙소에 거주하는 모든 구성원은 한 가족처럼 지냈다. 때문에 당시의 따마들은 사적 공간과 생활을 기대하기 어려웠다.

〈그림 3〉 군복을 입는 젊은 남녀

사회주의 중국의 남녀평등 지향은 노동 현장에도 적용되었다. 여성은 남성과 똑같이 낫, 호미, 쟁기, 보습 등 도구를 들고 농사일을 하였으며 적극적으로 생산노동에 참여했다. 또한, 당시 어린 따마는 남자와 같이 학농(学农), 학공(学工)을 했고, 작업 현장에서 남성과 똑같은 양의 생산을 달성하고 똑같은 대우를 받았다. 남성과 똑같은 능력을 갖추어야 한다는 요구는 점차 여성을 강하게 만들었고, 이들은 이러한 요구를 내면화하는 과정에서 생리적 특성을 감추고 혁명적 옷차림을 통해 강한 모습을 체현했다. 또한 "화사한 옷차림을 사랑하지 않고 군복을 사랑한다(不愛紅妝愛武裝)"는 사회주의 슬로건이 일상생활에 만연하게 되어 군복을 입는 것이 유행이 되었다(그림 3). 마오쩌둥의 '말씀'을 실천하기 위해, 여성들은 프롤레타리아로의 자아에 충실하며 '이기주의적'인 부르주아적 옷차림을 피했다. 예컨대, 치마 대신 노동하기 편한 바지를 입고, '긴 머리' 대신에 세련되어 보이는 단발머리를 갖추었다. 다른 사람의 주목을 이끄는 개성보다는 다른 사람과의 '동일함'을 추구했다.

다시 정리하자면, 따마들의 성장기에 정비된 국가의 정책 및 법률은 공공영역에서 여성의 형식적 지위를 격상시켰지만, 그들의 실질적 지위와 사적영역인 가족 내에서의 일상은 여전히 젠더 불평등에 노출되어 있었다. 정치적 측면에서 여성의 해방은 계급 해방의 일부였을 뿐, 진정한 여성 해방이라고 말하기는 어렵다. 인민으로서 여성은 남성과 이론적으로는 동등하게 여겨져 생산노동에 참여했지만, 가정에서는 많은 돌봄 역할 떠안아야 하는 등 차별과 이중부담을 안고 있었다. 개혁개방 이전 시기는 개인주의의 시기라기보다는 국가주의나 집단주의가 강한 영향력을 발휘하는 당과 국가 위주의 시기로 볼 수 있다. 어린 따마들도 국가의 계급투쟁의 중요한 역할을 부여받아 부르주아계급 비판에 앞장서야 했다.

### 2) 개혁개방과 탈사회주의화

따마들의 청년기에는 단위제[25]의 해체와 산아정책의 시행이 이루어졌고, 이에 따라 그들은 이전과는 다른 노동 및 가정생활을 경험하게 되었다. 단위제도는 중국공산당이 건국 초기에 사회주의 혁명에 참여하는 인민들을 관리하는 관리체제였다. 이를 통해 노동인민에 대한 일률적인 배급제를 실시하였다. 배급제는 개인의 사생활 공간을 극도로 축소시켜 물질생활은 물론 정신생활까지 '공적 단위'의 분배에 전적으로 의존하게 만들었다(김인, 2013). 다시 말하자면 이러한 배급제가 작동함으로써 사적소유제의 중요한 바탕인 가족은 극복해야 할 대상으로 간주되었고 혈연관계에 기초한 가족관계보다는 단위를 기반으로 한 사회주의 공동체를 추구하였다.

25) 단위제는 크게 세 가지 '구별 없음'을 의미한다. 첫째, 단위제에서는 당조직과 정치의 구별이 없다. 둘째, 정치와 사회의 구별이 없으며 셋째, 사회와 기업의 구별이 없다(李漢林, 1993).

'단위인'으로서 공동으로 노동하고 생활하는 공동체를 유지하며 점차 사람들의 단위와 국가에 대한 의존과 복종이 강해진 반면, 개인적인 권리나 가족에 대한 의무는 부차적인 것이 되었다. 이러한 단위제는 개인을 보호하는 동시에 정치적으로 통제하는 시스템을 동시에 형성하는데, 단위를 통해 개인에게 사회적 지위와 명예를 제공하면서도 그들의 독립성과 창의성을 제한하는 측면에서 그러하다. 이로써 국가의 이데올로기적인 통치는 단위제를 통해 보장되게 되는 것이다(揭愛花, 2000). 이러한 폐쇄적인 시스템 내의 '단위인'은 조직적 의존성이라는 강한 소속감 가지는 반면, 단위에서 벗어날 경우 커다란 불안감을 가지게 된다.

개혁개방 이후 중국 정부는 자원의 분배를 시장경제체제에 맡기게 되었고, 이에 따라 단위의 기능이 축소되면서 개체경제가 점차 되살아났다. 중국의 국가, 사회, 개인은 새로운 방식으로 재구성되기 시작하였다. 중국의 개혁개방 초기에 도시의 일부 기업들을 대상으로 진행된 '경제책임제(經濟責任制)' 개혁은 중국 경제개혁에 중요한 영향을 미쳤다.

> 경제책임제는 국가의 계획지도 아래, 사회의 경제적 효과성의 제고를 목적으로 한, 책임, 권리, 이익 3자를 긴밀하게 결합한 생산경영관리제도이다. … 경제책임제를 실행함에 있어서, 두 개의 절차에 특별히 유의하여야 한다. 첫째는 국가가 기업에 대해 실행하는 경제책임제인데, 국가와 기업사이의 관계를 잘 처리하고, 기업경영이 좋든 나쁘든 국가로부터의 혜택에 차이가 없었던 문제를 해결해야 한다. 둘째, 기업 내부의 경

제책임제를 확립하는 것인데, 기업내부의 관계를 잘 처리하여, 직원이 일을 잘하든 못하든 급여에 차이가 없었던 문제를 해결해야 한다.

—『关于实行工业生产经济责任制若干问题的意见』, 1981年10月29日

위의 인용문은 1981년 국가경제위원회와 국무원의 체제개혁사무실에서 공동으로 발표한『공업생산에서 경제책임제를 실행하는 것에 관한 일부문제에 대한 의견』이라는 문건에서 발췌되었다. 이는 개혁개방 이전의 평균적 분배원칙의 비효율성을 해결하기 위해 국가, 기업, 직원 3자간의 책임을 명확히 하고 경제적 효용성을 높이려는 국가의 개혁 의도가 드러난다.

1984년 10월에 진행된 중국공산당 제12기 중앙위원회 제3차 전체회의에서 공포한『중공중앙의 경제체제개혁에 대한 결정』에서는 도시에서의 경제체제 개혁을 전면적으로 추진하여 계획적인 상품경제체제의 수립을 천명하였고, 기업의 활력 제고를 개혁의 중심으로 설정하였다. 이와 같이 기업의 책임이 명확해지면서 과거 단위의 기능도 점차 변화하기 시작하였고, 단위에 속한 노동자의 정체성도 변화하였다. 시장의 직접적인 경쟁에 참여하게 된 기업단위는 더 이상 개인에게 보호를 제공해 주는 '대가정'이 아니라, 개인들이 자기 노동의 양과 질에 따라 임금을 받는 직장으로 등장한 것이다. 이러한 변화에 따라 단위를 중심으로 한 사회복지가 '사회화'[26]되었고, 노동자 특히 실업자와

26) 여기서 사회화는 단위의 기능이 감소되면서, 단위에 의해 통합되었던 많은 요소들이 새롭게 형성되고 있는 시민사회영역으로 빠져나가는 과정을 지칭한다. 곧 가족이라는 사적영역에서 공적 영역인 사회로 사회화되는 것이 아니라, 단위로부터 사

퇴직자의 국가/단위에 대한 의지가 약화된다.

중국 정부는 1984년부터 양로보험에 대한 개혁을 시행하면서 1991년에는 『국무원의 기업직원양로보험제도 개혁에 관한 결정』을 제정하였고, 이에 따라 국가, 기업, 개인 3자가 공동으로 양로보험을 부담하기로 규정하였다. 따라서 단위에서 전적으로 부담하던 노동자의 양로보험금을 개인들도 납부하게 되었고, 단위에서 노동자에게 제공하던 전면적인 복지 시스템이 크게 약화되었다. 자연스럽게 단위에 대한 개인의 의존성도 그만큼 줄어들게 되었다. 또한, 양로보험금과 같이 노동자들에게 장기적으로 중요한 보장제도 외에 단위에서 제공하였던 구체적인 복지들도 점차 '사회화'되고 있었다.

개혁 이전 시기에 국가는 노동자에게 단위를 통해 주택을 실물로 제공해 주었다. 또한, 유치원과 같은 시설의 제공을 통해 노동자 자녀들이 무료로 공교육을 받을 수 있도록 하였다. 더 나아가, 단위는 퇴직한 노동자들과 노년의 삶을 보장할 수 있는 조직과 공간을 마련해 주었는데, '독서회' 등의 행사가 대표적이다. 그러나 시장 경쟁에 들어간 기업단위는 경제적 효율성을 높이기에 시급했고, 여러 복지시설의 마련은 기업에 큰 부담이 되었다. 따라서 공교육과 같은 단위 복지가 점차 사회화되고 단위에 대한 노동자의 의존 역시 약화되었다. 다시 말하면, 이때의 (기업)단위, 즉 노동자들이 일하는 직장은 이전의 단위와 달리 조직과 개인이 일체된 공간이 더 이상 아니다. 즉 개혁개방과정에서 단위는 성장과 이윤을 추구하는 경제적인 조직으로 변모하였다.

---

회화되는 것을 지칭한다. 이 연구에서 특별한 설명이 없을 경우, 사회화는 모두 이러한 과정을 지칭한다.

과거 단위가 복지조직으로 그 기능을 수행하였다면, 이제는 이윤을 추구하며 노동자를 해고할 수 있는 시장조직으로 변화한 것이다. 개혁개방 이전의 단위가 노동자를 통제하고 관리하며 국가와 단위에 대한 의존성을 심화시켰다면, 개혁 이후에는 시장에서 다른 기업과의 경쟁에서 생존을 해야 하는 역할에 주안점을 두게 되었다. 이 시기부터 노동자는 단위에 소속하지만 단위가 자기의 미래를 보장해 줄 수 있다는 안정감을 얻지 못하게 되었고, 이러한 불안감 때문에 더욱 강도 높게 노동에 임하여만 하였다.

이와 같은 중국 경제체제의 개혁으로 인해 많은 사람이 실업자가 되어 '철밥그릇(鐵飯碗)'을 잃어버리는 등 완전고용 · 평생고용이라는 개념은 유명무실해졌다. 이러한 사람들은 개혁개방 이전에는 사회주의 노동자로서 국가로부터 배정된 직업 혹은 부모로부터 물려받은 직업에 종사했고, 국가나 단위는 그들의 삶을 보호했다. 그러나 개방개혁 이후에는 국가나 단위가 실업 노동자의 삶을 평생 책임지지 않게 되었고, 그들은 실업문제를 자기 의지와 노력을 통해 해결해야 한다. 이 과정에서 단위를 우선시하는 집단주의적인 성향이 약화되고 개인의식이 강해지면서 '자아'의 이익을 추구하는 개인주의 성향이 나타난다.

또한, 이러한 변화는 여성에게 특수한 문제를 파생시켰다. 직장과 가정에서 이중적 노동을 하고 있는 여성에게 평생고용이 사라졌다는 것은 큰 충격이었으며 정신적으로도 큰 스트레스를 가져왔다. 경쟁에서 일자리를 유지하려면 가사노동의 부담이 없는 남성보다 여성이 더욱 많은 노력을 기울여야 한다. 더불어, 실업자가 된 여성은 아이를 돌봐야 하는 상황에서 국가의 도움 없이 스스로에게 의지하면서(靠自己) 일자리를 구하는 어려움을 감수해야만 하게 되었다.

### 3) 가족구조의 변화

한편 개혁개방 이후 중국 사회의 경제구조, 노동제도 등 다양한 변화와 함께 가족제도에도 커다란 변화가 일어나게 된다. 서구의 핵가족 이데올로기의 영향 아래 부모-자녀로 구성된 '핵심가정'은 점차 중국 사회의 바람직한 가족형태로 간주되기 시작하였고, 마오쩌둥 시기 중시되었던 가족구성원들 사이의 정치적인 관계보다는 친밀성이 중요한 요소로 인식되었다. 국가의 가족정책, 특히 개정된 혼인법과 계획출산(計劃生育) 정책은 가족구조의 변화에 직접적으로 영향을 주었다.

1950년 신중국 건국 후 제정된 최초의 혼인법은 혼인의 자유를 제도적으로 보장하여 '부모의 명과 중매인의 언약'이라는 전통적인 가부장적 혼인방식에서 벗어날 수 있도록 하였다. 1980년에는 최초로 혼인법이 개정되었는데, 수정된 혼인법은 새로운 가족관계와 새로운 젠더 역할을 구성하는 데 큰 영향을 미쳤다.

> 강제결혼, 남존여비, 자녀의 이익을 무시하는 봉건주의 혼인 제도를 폐지하고, 남녀 혼인자유, 일부일처, 남녀 권리의 평등, 부녀와 자녀의 합법적 권익을 보호하는 신민주주의 혼인 제도를 실행한다(『中华人民共和国婚姻法』, 제1장 총(원)칙, 제2조, 1950年4月13日).

> 혼인자유, 일부일처, 남녀평등의 혼인 제도를 실행한다. 부녀, 아동과 노인의 합법적인 권리를 보호한다(『中华人民共和国婚姻法』, 제1장 총(원)칙, 제2조, 1980年9月10日).

이상에서 볼 수 있듯이 개정된 혼인법에서는 법률적인 양성평등 의식이 드러나며, 결혼에서 당사자의 자율성을 강조하는 것으로 나타난다. 또한, 1980년의 혼인법에서는 혼인의 자율성 외에도 아동과 노인의 문제를 특별히 제기하였다. 이 원칙을 보다 구체화하여 조부모가 손자녀를 양육할 의무(제22조), 어린 동생을 부양할 형제사이의 의무(23조)를 명확히 제시하고 있다(Cui, 2012). 한편 전통적인 효도와 우애정신을 요청 했던 것은 당시 국가의 경제력이 이들을 부양할 수 없는 이유에서 기반한다. 이 시기는 중국 건국 이후 1세대 노동자들이 퇴직에 직면하는 시기였고, 국가와 단위는 아직 노후 보장시스템을 마련하지 못했기 때문에 노인의 노후문제를 해결하기 위하여 다시 유교사상에서의 '효'를 강조하기 시작하였던 것이다. 따라서 이때부터 '따마'들은 부모와 자녀뿐만 아니라 어린 동생들을 동시에 부양해야 할 책임을 지게 되었다. 한편 법률에서 돌봄의 주체를 특별히 딸 혹은 여성이라고 명시하지는 않았는데, 그럼에도 불구하고 따마들이 이 책임을 지게 된 것은 신중국 성립 이전부터 존재하던 전통적 가부장적 의식의 유산으로 보인다.

또한, 인구를 통제하기 위해 공포된 계획출산 정책이 1983년부터 실시됨으로써 '대가족'이었던 중국 가족의 형태가 '3인 가구'로 변화하였으며, 가족구조는 4(조부모) - 2(부모) - 1(자녀)인 역삼각의 모양이 되었다. 국가가 계획출산정책을 전국적으로 강력하게 실시했고, 특히 도시에서 강조함에 따라 도시의 외동자녀가족이 급증하였다[27]. 이 당시 국가는 가정의 가장 사적인 영역이라고 할 수 있는 출산을 통제하였던 것이다. 3인 가구의 부모들은 외자녀 양육에 특별히 신경을 쓰고 많은 감정적 또는 경제적 투자를 했다. 이러한 배경에는 3인가구의 부모는 부부관계보다 아이와의 관계를 더욱 중시했던 것이 있다(Wang Qianni, 2014). 즉 어머니로서 따마의 생활의 중심은 아이에 기울어 있었다.

계획출산 정책 실행 후 태어난 외동 1세대는 실질적인 개혁개방세대로 현재 그들만의 새로운 가정을 꾸릴 연령대가 되었다. 그들은 시장경제하에서 태어났으며, 시장경제하에서 직장을 잡았고, 또한 시장경제 체제에서 은퇴를 할 것이다.[28] 이 점이 과거 사회주의 단위체제에서 출생했지만 결국 시장 체제를 직면하게 된 따마세대와의 큰 차이점이다.

## 4. 사회주의와 자본주의 사이의 중국따마

앞서 언급한 것처럼 따마는 중국의 1950년대 1960년대 이후 태어난 세대로서, 가치관과 세계관을 형성되는 어린 시절을 사회주의 환경

---

27) 1987년 북경시의 경우, 도시에서 외동자녀를 둔 가정은 총 가정의 99.77%에 달했고, 외동자녀증(独生子女证)을 소지한 가정은 63.57%였다(『北京社会经济统计年鉴』, 1988).

28) 중국 계획출산 정책은 1983년에 공포된다. 현재 50대, 60대의 중국 따마는 1983년에는 20대, 30대의 결혼 적령기 여성이었다. 따라서 따마들을 중국 외동 1세대의 어머니 세대로 간주할 수 있다.

에서 보냈다. 또한, 이들은 마오쩌둥 사상이 국민의 공적, 사적 영역에 지대한 영향을 미치는 사회 속에서 자랐다. 하지만 숭배하고 굳게 믿어온 마오쩌둥(毛澤東)의 서거(逝世)와 후임 지도자인 등샤오핑(鄧小平)의 개혁개방 정책 시행으로 인해 이들의 (사회주의) '믿음'은 흔들리게 되었다. 이렇게 커다란 격변을 맞이하는 중국에서 과거 노동자로서의 경험을 겪은 이들은 현재 '따마'로 불리며 살아가고 있다. 이들의 특징은 다음과 같다.

첫째, 어렸을 때 발생했던 문화대혁명으로 인해 제대로 된 정규교육을 거의 받지 못하였다. 정규교육의 결여는 이들 삶의 가장 큰 아쉬움으로 여겨진다. 개혁개방 이후 교육수준이 낮은 구세대 '따마'들은 시장 경쟁에서 희생자로 전락하여 실업자가 되거나 혹은 '관시'를 통해 직장에 살아남았다.

둘째, 사회주의 사상에 익숙하고 공동체 생활 경험이 있는 이들은 집단지향적이다. 따마들은 유년기 시절 가난했지만 구성원 서로가 서로를 도와주는 집단생활 경험을 낭만적으로 기억한다고 볼 수 있다. 과거의 집단적인 공동체 생활을 기억하고 인간미가 있는 과거를 그리워하며 경쟁이 없는 그 시절을 아쉬워하며 기억한다.

셋째, 사회주의적인 인간에서 탈사회주의화가 나타난다. 유년기 마오쩌둥이나 레이펑 등 이타주의적이고 영웅주의적인 사회주의 인간상을 바람직하다고 배웠던 따마들은 개인을 국가에 헌신하는 것이 바람직하다고 생각했고, 또한 자신들을 '조국의 후계자(祖國的接班人)' 혹은 국가의 미래를 바꿀 수 있는 '8~9시의 태양'이라고 여겼던 것이다. 한때는 모택동의 '말씀'에 따르다면 중국은 점차 부강해지고 서구의 어떤 나라보다도 강력한 세계의 최강 국가가 될 수 있다고 믿었던 그들이다. 또한, 물질적 부나 이윤을 추구하는 것보다는 명예와 정신적 격려를 중요시했던 이들은 시장경제 체제의 도입으로 급속한 변화를 경험하게 되었다.

### 1) 낭만적으로 기억되는 어린 시절(童年)

50, 60년대 세대는 현재의 신세대와 달리 시장에서의 경쟁력을 키울 필요가 없었고, 여러 형제자매와 함께 살아야 했기에 부모의 많은 사랑을 독점할 수 없는 상황이었다. 과거 공유제를 경험하고 사적 개념이 없는 이들은 집단생활을 하면서 공동체 경험을 얻었다.

심층면접 대상이었던 조씨(B, 여, 51세)는 1966년 북경에서 태어났고 어렸을 때 학교 친구 7, 8명과 함께 사합원[29](四合院)에서 살았다. 친구와 함께 줄을 서서 학교를 다니고 집에 돌아와서도 함께 숙제했다. 그는 유년시절에 대해 "아주 즐겁고 행복했어요(快快樂樂, 幸福滿滿)."라고 말하며 사람과 사람 사이의 관계가 각별했던 그 시절을 회상했다.

---

29) 중국 하베이(河北) 지방, 베이징의 전통적인 건축양식이다. 'ㅁ'자 형태에 가운데에 마당을 두고 본채와 사랑채 등 4개 건물로 둘러싼 구조로 되어 있다. 베이징의 사합원은 신중국 성립과 도시화로 인해 많은 부분이 철거되었다. 베이징 인구밀도가 급격하게 증가하면서 하나의 사합원에 여러 가구가 쪽방처럼 거주하는 사례가 많이 나타나, 대잡원(大雜院) 형태가 되었다. 본 사례에서 연구 참여자가 말하는 사합원은 여러 가구가 같이 사는 대잡원을 가리킨다.

> 어렸을 때 대잡원(大雜院)에서 생활하니까 사람과 사람의 사이가 가까웠어. 인정미도 많고. 현재 생활의 질이 높이지만 스트레스 많고 이웃과도 친하지 않고. —B, 여, 51세

사회주의 시대의 공동체 경험이 있는 그에게 현재의 물질적 풍요는 과거에 비해 나아진 생활을 제공하지만, 인간관계는 훨씬 기계적이고 개별적인 상황이 되어버렸다고 회고한다. 다른 심층면접 대상인 1956년생의 장씨(I, 여, 60세) 역시 대잡원이라는 공간이 제공하는 공동체성에 대해서 이야기 하였다.

> 우리 어렸을 때는 서로 같이 어울리는 공동체 생활을 무척 좋아했어. 특히 매일 밥을 먹을 때 항상 다른 사람의 집에 들어가서 뭘 먹을지 보곤 했지. 배고프면 큰 소리로 '아저씨, 이모, 나 배고파(大爺大媽我餓了)! 그리고는 '집에서 같이 밥 먹어도 되죠?'라고 외치면서 다른 이웃의 집에 들어가서 그냥 함께 먹었어. 물론 이웃들은 아무런 불쾌한 내색 없이 나를 반겨줬지. 그리고 많이 먹으면 더 기뻐하셨어. — I 여, 60세

하지만 학창 시절에 발생한 문화대혁명으로 인해 학교교육, 특히 고등교육은 '자본주의의 잔여물' 또는 '반동스러운 것', '소용없는 것'으로 여겨졌고 이들은 제대로 된 교육을 받지 못하였다.

> 그때 우리 수업을 제대로 못했지. 뭘 배우냐면 그냥 마오쩌둥 선집을 배웠어. 원래 나는 공부를 잘하는 편이었는데, 문화대혁명이 일어난 후 다

> 들 공부를 안 하기 시작했어. 그때 나는 아홉 살쯤이었지. 한참 노는 것을 좋아하는 나이였어. 그래서 맨날 신나게 놀았지. 지금 기억하는 것은 그때 음악 수업 시간에 배운 노래야. 그땐 악보도 없었고 그냥 선생님이 부르는 대로 따라 불렀어. 나중에 1977년 대학 입학시험이 다시 생겨났을 때에도 공부할 생각이 전혀 없었어. 국가가 책임을 지는 체제이니까. 우리는 굳이 공부를 안했어도 충분히 일할 수 있으니까. 끝까지 공부를 안했지. 하지만 이제야 후회되지. —M, 여, 58세

계획경제 제도를 시행했던 중국은 대약진 시기인 1959년부터 1961년까지 경제적 어려움에 직면했고, 정부는 인민에게 분배하는 식량의 양을 줄였었다. 경제적으로 어려운 환경에서 자랐던 50, 60대 세대는 빈곤한 어린 시절을 회상하며 대부분 "가난하고 희생을 많이 했지만 역설적으로 행복했다."고 회고한다. 당시 초등학생이었던 50, 60대 세대는 모택동의 '오·칠지시(五七指示)'[30]에 따라 학공(學工), 학농(學農)에 적극적으로 참여했다. 그렇지만 학공과 학농은 어린 그들에게 진지하게 참여해야 하는 활동이라기보다는 참여 목적조차 제대로 이해되지 않았던 낯선 것이었다. 그 시절 대부분의 50, 60대 세대들은

30) 오·칠지시(五七指示)는 모택동이 린뱌오(林彪)에게 쓴 편지를 가리킨다. 편지에서 학생에 대해 이렇게 말했다. "学生也是这样, 以学为主, 兼学别样, 即不但学文, 也要学工、学农、学军, 也要批判资产阶级。学制要缩短, 教育要革命, 资产阶级知识分子统治我们学校的现象, 再也不能继续下去了.(학생도 이렇게 해야 한다. 공부는 우선이고 공부하는 동시에 다른 지식도 갖춰야 한다. 문화뿐만 아니라 농사 짓는 기술, 공업 기술 등 나 배워야 하고 군사훈련도 받은 동시에 부르주아계급을 비판해야 한다. 교육 영역에서도 혁명이 필요하고 부르주아계급이 학교를 지배하는 것을 중지해야 한다."

모택동의 사상을 지지하기 때문에 이를 실천하는 것이라는 생각하기보다 과외 활동의 일환이자 놀이의 공간으로 여겼다. 몇몇 따마들은 이 시기를 다음과 같이 회상하기도 했다.

> 농사를 짓는 일을 체험하는 시절이 제일 좋았어. 친구와 같이 누가 보리를 제일 빨리 많이 벨 수 있을지를 경쟁했었지. — I 여, 60세

> 우리는 그 때 공장에 갔다 왔어. 빠왕펀(八王坟)쪽에 있는 공장에 갔었지. 그때 집에서 밥을 챙겨서 공장 노동자들과 함께 일했어. 그런데 우리가 한 일은 다 그냥 막노동이었어. 그저 힘이 있으면 할 수 있는 육체 운동이었지. 공장 기술자들이 뭘 필요하면 갖다 주고, 딱히 기술이 필요 없는 잔심부름이었지. '학공' 시절에는 기술을 배우는 것보다는 그냥 공장 노동자들의 노동을 지원했다고 생각하면 돼. 학농도 비슷했어. 여름 때 곡식을 수확할 때 보리밭 가서 농민들을 도와줬어. 농민들이 밀을 수확하면 우리는 그냥 뒤에서 거두는 밀을 주웠어. —J, 여, 59세

따마들은 어린 시절을 회고하며 지금보다 학업 스트레스가 적었고 수업 보다 과외활동을 더욱 많이 하는 등 매일 '놀면서' 지냈다고 한다. 세속적이고 현실적인 고민은 하지 않고 그저 하루하루를 살아가는 시간이었다. 또한, 무척 가난했었지만 사람들의 정을 느끼면서 단출한 생활에도 만족하며 즐거워했다. 이와 같이 공동체 생활에서 즐거움을 느꼈던 당시 50, 60대 세대의 과거에는 사적소유라는 개념은 존재하지 않았을 뿐더러 많은 것들을 서로 공유해야만 했다. 진정한 의미의 사

회주의 세대였던 것이다. 국가가 일을 분배하는 분배체제였기 때문에 일자리를 얻기 위해 경쟁에서 살아남아야한다는 걱정이 없었고, 빈부격차가 크게 심하지 않은 상대적으로 평등한 사회에서 자랐다.

### 2) 국가에 충성하는 홍소병(又红又专的红小兵)

1949년 신중국이 성립된 후 국가의 권력은 국민의 공적, 사적 영역 모두에 지대한 영향을 미쳤다. 따마들은 이러한 사회문화적 환경에서 최고 지배자인 마오쩌둥의 '말씀'에 복종해야만 했다.

> 인상이 제일 깊었던 것은, 학교에 가는 첫날에 선생님이 학생들을 데리고 '동방홍(東方紅)'이라는 노래 같이 부르자고 하셨지. 노래가 끝나면 교실에 들어갈 수 있고 하루의 학교생활을 시작했었지. 우리는 마오쩌둥에 충성하는 홍소병(紅小兵)이고 아침 '8-9시의 태양'[31]이었어. — A, 여, 52세

홍소병은 홍위병과 같이 문화대혁명 당시 조직된 극좌대중운동의

---

31) "아침 여덟시 아홉시의 태양(早上八九點鐘的太陽)"이라는 표현은 모택동어록에 기록된다. 인용된 원문은 아래와 같다. "세계는 너희들 것이기도 하고 우리 것이기도 한다. 아무튼 결국에 너희들의 것이 될 것이다. 생기가 넘쳐흐르는 청년 시기가 인생의 불어난 때이다. 마침 아침 여덟시 아홉시의 태양처럼, (중국의) 희망을 너희들에게 맡기고 있다.(世界是你们的, 也是我们的, 但是归根结底是你们的。你们青年人朝气蓬勃, 正在兴旺时期, 好像早晨八九点钟的太阳, 希望寄托在你们身上.)"

구성원들을 말한다. 홍소병은 주로 초등학생과 중학생으로 구성되어 당시 마오의 정적이나 구시대적 부르주아적이라고 간주된 모든 대상에 폭력을 행사하고 철저히 파괴하며 홍위병들의 행위를 모방했다. '혁명'의 의미를 잘 모르는 이들은 홍소병이 되는 것을 그저 자랑스러워했었다. 홍소병은 이들에게 일종의 명예이자 사상의 '선진화'를 대표하는 상징이었다.

유지 씨(가명, M, 여, 59세)는 1957년 중국의 하베이성(河北) 농촌에서 태어났다. 5살 때까지 외삼촌 집에서 자랐고 이후 북경에서 부모와 재회했다. 초등학교 6학년 때 문화대혁명이 일어났다. 공부를 무척 잘했었고, 사상적으로도 모범적이었던 유지 씨는 결국 홍소병으로 뽑혔다. 유지 씨는 홍소병으로 선발된 다른 학생들과 함께 모택동 사상을 홍보하는 팀을 구성했고, 정해진 시간 규정된 장소에서 노래를 불렀다. 이 시절의 경험에 대해 그녀는 아래와 같이 묘사했다.

> 그때는 매우 어렸었지. 국가가 무엇을 하는지에 대해서는 잘 몰랐어. 그냥 하라는 대로만 하고, 하라는 대로 잘 따라하면 무조건 좋았지. 나는 농촌 출신이어서 처음엔 학교 친구들이 [내가] 표준말을 잘하지 못해 엄청 비웃었지. 자존심도 상했지만, 학교생활을 열심히 했고, 결국 홍소병이 되었지. 그때 홍소병은 아무나 되는 것이 아니었는데, 내가 되어서 친구들이 무척 부러워했지. 그 때 중요한 기준은 출신배경인데...부모가 농민이나 공장 노동자라면 제일 좋고. 공부도 물론 잘해야 하고. ― M, 여, 59세

한편, 한 따마는 이 시절에 내해 "그 당시 국가가 우리의 개별적 꿈과 이상을 세우지 않도록 억압했다."(G, 여, 66세)라고 회고하기도 했다. 당시 보통 어린 아이의 꿈은 '중화 인민 해방군의 전사(解放軍戰士)' 또는 '마오쩌둥의 말씀을 잘 듣는 공장인(聽毛主席話的工人)'이 되는 것이었다. '인민을 위해 봉사하는' 모범병사 레이펑(雷鋒)은 아이들의 영웅이자 본받아야할 모범적인 대상이었다. 그렇지만 '레이펑 삼촌을 본받아(向雷鋒叔叔學習)', '공부를 잘하여 매일 발전하여라(好好學習, 天天向上)'와 같은 구호가 궁극적으로 지향하는 바는, 정작 그 구호를 외치는 어린 50, 60대 세대의 개별적인 '믿음'과는 별개였다. 물론 그 당시 '개별적'인 생각을 가진다는 것은 무척 위험한 일이었다. 그리고 실상 아직 어렸던 50, 60대 세대는 그 개별적인 믿음이 무엇인지조차 알기 힘들었다. 한 따마는 자신이 해방군전사가 되고 싶었던 이유를 말하며 "그때 군인이 최고였어. 군장은 신분의 상징이라 멋진 군장을 입고 싶었어."라고 말했다. 이 표현에서 그는 당시 국가를 위해 헌신하고 싶은 생각을 드러내지 않았다. 오히려 개인의 입장에서 출발해 군인이 되면 신분을 향상시킬 수 있다는 생각이었고, 이는 국가가 원하는 '정상성'과도 일치했다.

> 초록색 군복에 빨간색 팔띠를 한 위풍당당한 대학생, 고등학생 형, 누나들을 보고 너무 부러웠어. 나도 홍위병과 같은 무리를 조직하고 싶었어. 이 생각이 들자마자 행동하기 시작했어(說幹就乾). 같은 초등학교를 다니는 학생들과 연락하고 열댓명 학생들을 모았지, 사람을 모았지만 홍위병들이 하는 일에 대해 자세히 몰라서 홍위병인 '큰형'과 누나한테 찾아

가서 배워야 했어. 그때 우리 대련공학대학 화학과 건물로 형, 누나들을 찾으러갔어. 건물 출입문에 '모택동주의 홍위병대련공학대학 지휘부'라는 글이 적혀 있었고 우린 안으로 들어갔어. 당시 대자보(大字報)를 열심히 쓰고 있던 홍위병 형들은 입구에 서 있는 작고 어린 우리들을 보고 꽤 많이 놀라워했어. 우리에게 왜 왔는지를 물었고, 다가와서 우리를 안으로 초대했어. 그는 '홍위병 조직의 목표는 마오쩌둥의 적(敵人)인 부르주아적인 모든 것을 폭력행사를 통해 없애는 것이야. 반란을 하려면 권력을 잡아야 하고 학생은 운동을 하려면 학교 교장의 권력을 빼앗아야 해. 한 마디로 얘기하자면 '조반유리(造反有理)[32]'라는 거다. 알지?'라고 말했어. 그 이야기를 듣고 당시 우리는 교장 선생님 권력을 상징하는 인장을 빼앗는 행동을 계획했어. ...(생략)... 그 때 우리 학교는 혁명을 위해 동맹 휴업을 했었어. 여자 교사 두 명은 학생의 비난을 받았는데, 그 중 한 명은 나의 담임 선생님이었지. 그 선생님은 자기 '죄'를 적은 판을 목에 매고 학교 앞에 지어둔 연단에 올라가서 학생의 비판을 받았어. 당시 선생님에게 심하게 욕하고 비판하던 학생들은 사실 선생님이 좋아했고 믿었던 우수학생들이었는데, 평소에 장난꾸러기였던 나는 참석하지 않았어. 멀리 서서 이 장면을 본 나는 선생님의 은혜를 배신하는 우수학

---

32) 문화대혁명이 일어나기 몇 달 전 마오쩌둥은 "중앙 기관이 옳지 않은 일을 하고 있다면, 우리들은 지방이 조반(造反: 반항, 반란)해서 중앙으로 진공하도록 호소해야 한다. 각지에서 많은 손오공(孫悟空)을 보내어 천궁(天宮)을 소란하게 해야 한다."(*인용 표시)라고 말하였다. 마오쩌둥은 마르크스주의에 대해 "많은 내용이 들어 있어서 이해하기가 어렵지만, 한 마디로 '조반유리'라고 요약할 수 있다."고 말하였다. 향후 이 구호는 학생들 사이에서 유행하게 되었으며, 1960년대 후반 세계적으로 퍼져 나갔던 학생운동의 슬로건으로도 자주 쓰였다.

생들을 싫어했고 이들의 행위에 대해 매우 분노했고 며칠 후에 나는 비슷한 생각을 가진 학생 두 명과 같이 우수학생들 집의 유리창을 깼어....(생략)[33]

이 구절에서 홍소병에 대한 생각의 양면성이 드러난다. 필자는 '조반유리'라는 구호를 듣고 마음이 불타올랐는데 다른 학생이 조반을 하고 선생님을 비난할 때는 분노를 느꼈다는 것이다. 조반을 해서 누구를 비난해야 할지, 또한 왜 조반이 근거가 있는 것인지도 정확히 몰랐다. 그저 자기도 영웅 영화의 주인공처럼 '혁명'에 참여할 수 있다고 생각했었다. 이러한 관점에서 홍소병은 단지 홍위병의 형식을 모방하고 이들의 행동을 따라했다고도 할 수 있다. 겉으로는 국가의 계급투쟁에 참여했지만 마음속에는 여러 갈등도 있었고 반항하고 싶은 생각도 있었다. 다시 말하면, 위의 증언은 홍소병으로서 '공적 자신'의 모습을 보여주는 동시에 '사적 자신'이 가지게 되는 의문을 감추어야 하는 상황을 보여준다.

### 3) 개별 선택이 없던 시절

문화대혁명 당시 지식인과 학생들은 노동자와 농민들로부터 배우고 관료주의를 타파한다는 명분아래, 또한 당시 학교 졸업생의 취업문제를 해결하기 위해 도시의 학교를 졸업한 젊은이들을 지방에 보냈

33) 한 인터넷 블로그의 '小红卫兵忆当年'라는 글에 근거해서 당시 소홍위병들의 경험과 이야기를 재구성했다. 출처: http://blog.sina.com.cn/s/blog_5d30fbdb01012nlm.html.

다. 당시 마오쩌둥은 "지식청년들이여, 농촌으로 가라. 빈하중농(貧下中農) 교육을 받아들일 필요가 있다"라는 호소문을 발표했고, 실제 많은 학교 졸업생들이 지방에 가서 농민들과 함께 농사일을 하게 되었다. 처음에는 "광활한 세상에 이바지 하려면, 온 몸을 진흙탕에서 굴리면서 충성심을 키워야 해"라고 스스로에게 말하며 신념과 열정을 앞세워 농촌에 갔던 이들이지만, 가난하고 고생 가득한 시간을 겪으며 다시 도시에 돌아가겠다는 의지는 강해져만 갔다. 그러나 다시 도시로 돌아가는 것은 농촌으로 왔던 것만큼 쉽지 않았다.

고와 씨(가명, K, 여, 59세)는 1957년 북경에서 태어났다. 고등학교를 졸업한 후 국가의 하향(下鄉)정책에 따라 7년 동안 하베이성(河北省) 농촌에서 생활했다. 농촌에서의 시간은 고와 씨에게 무척 고통스러웠다.

> 그때 국가가 고등학교에서 졸업한 우리에게 아무런 선택할 여지를 주지 않았지. 일부 학생들은 군대로 입대하였고, 소수는 공장에 취직했었어. 그렇지만 대부분은 결국 다 농촌에 보내졌어. 농촌에 간 것은 사실 내가 스스로 원하는 것이 결코 아니었는데, 다시 생각해 보니 우리에게 다른 선택이 전혀 없었잖아. 농촌에 있었던 시절은 사실 매우 힘들었어. 열심히 농사일을 져야 점수(그때 '꽁픈 公分'이라고 부른다)를 받을 수 있었어. 그때 우리가 먹던 음식도 우리가 받았던 점수에 따라 줬거든. 그때 여자와 남자 별로 차이 없어. 그래서 계속 많이 못 먹고 굶었어. —K, 여, 59세

문학대혁명 말기의 학교 졸업생들은 하향운동을 더욱 부정적으로 바라보았다. 이들은 농촌에 간 선배들의 경험을 듣고 갖가지 이유를 찾아 농촌으로 가지 않기 위해 노력하기도 했다. 앞에 언급했던 유지 씨도 하향운동에 참여하지 않았다. 그녀는 집안에서 제일 큰 딸이었다. 농촌에 갔었던 지식청년 여성이 성폭행을 당한 이야기를 많이 들었던 유지 씨는 대신 남동생을 보내게 되었다.

유지 씨와 같은 여성은 '하향'을 편법으로 거부할 수 있었지만, 취직할 때는 다시 한 번 국가의 분배정책을 받아들일 수밖에 없었다. 직업선택의 자유나 시장제도는 존재하지 않았다. 당시의 분배제도에 따르면 자녀는 부모가 일하는 단위에 지원해서 부모의 직업을 계승해야만 했었다. 그 당시 머릿속에서 '자기가 하고 싶은 일', 즉 스스로 원하는 직업을 알고 그대로 선택한다는 것은 불가능하였으며, 그저 살기위해서 국가가 정해주는 직업에 종사해야만 했다. 한 따마는 인터뷰에서 "그때의 생활은 상황에 압박감을 가지고 어쩔 수 없이 그렇게 해야 해(形勢所迫)"라고 말했는데, 이처럼 국가가 정해주는 직업을 그대로 받아들여야 했던 이들은 개인의 개별적 생각과는 상관없이 당과 국가에 대한 충성심을 행동으로 보여야 했다.

> 당시는 정말 아무 생각이 없었어. 내가 집안의 장녀잖아. 아버지 말고 나도 가정의 경제적 부담을 생각해야 했었지. 그래서 그 때 그냥 빨리 돈을 벌어야 할 생각만 있었어. 내가 일찍 돈을 벌어야 밑에 동생들이 제대로 공부할 수 있었단 말이야. —M, 여, 55세

가정에서 장녀인 유영 씨는 고등학교를 졸업한 후 아버지의 직장 단위에 들어가서 시간제 노동을 했다. 당시 그의 아버지는 건설 회사 단위에 소속되어 있었는데, 유영 씨는 남성과 함께 건축 공사 현장에서 일을 해야 했다. 육체노동의 강도가 높은 건축 공사 현장에서 여성들이 할 수 있는 일은 사실 거의 없었다. 유영 씨는 남자 노동자들을 보조하는 간단하고 가벼운 육체노동을 주로 했다. 예를 들면, 페인트공(油漆工)으로서 벽을 칠하거나 타일을 붙이는 일 등을 했었다. 때로는 건축 재료를 관리하거나 무거운 재료를 운송하지 않아도 되는 전기공(電工) 일도 해 보았다. 건축 공사 현상에서 일하는 것은 여자에게 결코 쉽지 않은 일이라고 생각했었지만, 당시 선택할 여지가 없는 유영 씨는 아버지의 직업을 선택할 수밖에 없었고 그렇게 인생의 첫 직업을 가지게 되었다.

1977년 중국에서는 대학 입학시험이 다시 생겨났는데, 지식 엘리트 계층이 아닌 따마들은 문화대혁명 운동에 적극적으로 참여했기 때문에 제도적 지식을 제대로 갖추지 못하였다. 이들은 대학교에 진학하고 싶어도 교육수준과 가정환경 때문에 이러한 바람을 접어야만 했다. 유영 씨와 같은 경우는 가정의 경제적 부담을 분담해야 했기에 공부할 수 있는 기회를 동생들에게 양보했다. 당시까지 따마들은 국가 절대 권력의 통제를 받고 피동적으로 국가의 정책에 따라 살아왔다. '공적 자신'으로서는 국가를 지지하면서도, '사적 자신'으로서 선택할 수 있는 자유를 갈망했던 따마들의 양면성이 이 시기를 기점으로 태동하기 시작하였다.

### 4) 21세기 자립갱생(自力更生)을 해야 하는 따마

개혁개방 이후 중국 정부는 자원의 분배를 시장에 맡기게 된다. 개혁개방 초기에 도시의 일부 기업들을 대상으로 진행한 '경제책임제(經濟責任制)' 개혁은 도시 경제개혁의 시발점으로 그 이후의 경제개혁에 중요한 영향을 미쳤다. 1990년대 중반 중국의 많은 국유기업은 생산의 효율성을 추구하기 위해 시장 체제에 기반을 한 노동계약제를 실행했다. 이러한 시장개혁은 따마들에게 '경쟁'이라는 개념을 심어주었고 탈사회주의 시장화를 경험하게 만들었다.

앞서 언급했던 유지 씨는 국가의 분배에 따라 '일상(一商)'이라는 백화점 단위에 들어갔다. 백화점에서 일하게 된 유지 씨는 단위의 우수한 모범 노동자 평가에서 좋은 점수를 받기 위해 열심히 일 했었다. 매달 판매액 1등으로 단위의 '우수노동자'라는 영예까지 얻었다. 백화점에서 받는 월급이 다달이 쌓여가는 것을 보며, 특히 거래액에 따라 인센티브로 보너스(獎金)를 더 받기 시작할 때부터 유지 씨의 마음이 점차 바뀌기 시작하였다. 유지 씨는 "더 많이 일하면 돈도 더 많이 벌 수 있고, 돈이 더 많으면 자기 생활을 더 편하게 즐길 수 있다."라고 생각하기 시작했다. 남편과 만난 후에는 예쁜 옷을 사야겠다는 소비욕망이 생겼고, 돈을 벌겠다는 의지는 더욱 강해졌다. 아들을 출산한 후에는 아들이 좋은 교육을 받고 풍족한 생활을 할 수 있도록 더욱 열심히 일하였다.

그렇지만 좋은 나날들이 오래 가지는 못하였다. 일하는 단위가 사라지면서 단위에 속했던 모든 노동자가 해고당하게 되었던 것이다. 국가의 복지 기능은 축소되었고 국가는 더 이상 개인의 실업문제를 책임지지 않았다. 일의 개념도 달라졌다. 이전 공식직장인 단위에서 일할 때는 복지혜택이 제공되는 '공쭈오(工作)'가 있었고 이에 따른 여러 가지 특권도 있었지만, 백화점에서의 정리해고 이후에는 비정규직으로 일하는 방식의 불안정한 깐후오(干活)를 할 수 있을 뿐이었다. 중국어식 표현으로 '자립적으로 취업(自謀職業)' 혹은 '남이 아닌 스스로에게 의지(靠自己)'로 불리는 방식을 통해, 탈사회주의 중국의 실업자는 오로지 자신에게 의지하면서 새로운 직업을 구해야 했다. 실업 이후 유지 씨는 거주지의 주민위원회(居民委員會)에서 취업정보를 알아보고 바느질 같은 허드렛일을 하며 적은 돈을 벌었다. 비정규직 일을 하면서 5살 아들도 돌봐야 했었던 유지 씨는 그 시절이 매우 힘들었다고 회상했다.

> 나중에는 결국 자신 스스로에게만 의지할 수밖에 없었어. 스스로 직장을 구하고, 정보를 찾고, 비교도 하고, 어느 곳이 더 많은 돈을 벌 수 있는지, 어디 곳이 덜 스트레스를 받는지... —M, 여, 59세

일을 하면서도 아이를 돌봐야 하는 유지 씨는 이중적 스트레스를 받고 있었다.

> 내 지금 생각은 무엇이냐면, 현재의 사회는 경제와 시장이 지배하는 사회라는 거야. 옛날 같은 인정미가 이제는 거의 없어. 예전에는 누구라도 혹 어려움이 있으면 모두 도와주었었는데 지금은 전혀 그렇지 않지. 예

전에는 물론 나중에 보답이 없더라도 상관없이 다른 사람을 도와줬어. 지금은 전혀 다른 사회이야. 너무 현실적이고 냉혹해. 물론 나도 변했지. 나는 50살에 해고당한 후 계속 일해야만 했어. 당시 우리 회사에서 일하는 사람 중 한 명의 남동생에게 백혈병이 있었어. 매니저가 그들에게 도와달라고 헌금을 호소하고 부탁했지만 나는 결국 기부하지 않았어. 난 진짜 현재는 이렇게까지 타락한(墮落) 사람이 되어버렸어. 정상적으로 말하면 사람이 마땅히 서로 도와줘야 되는데…….

유지 씨는 이미 국가를 위해, 또한 타인을 위해 많은 것을 헌신했다고 생각했다. 그렇게 많은 것을 헌신했던 유지 씨가 본인이 어려울 때는 "누구도 결코 나를 도와주지 않았어."라고 한탄 하면서도, 타인의 어려움에는 기부를 하지 않는 상황이 탈사회주의 중국의 군상이 된 것처럼 보인다. 이처럼 유지 씨와 같이 실업을 겪은 따마들은 자신 스스로에게 의지하면서 현실적이고 냉혹한 개인주의자가 되었다.

한편 정부는 노동시장 개혁을 통해 노동자들이 가졌던 과거 사회주의적 습관과 사상을 고치고자 하였으며, 자립갱생 정신, 경쟁의식, 그리고 도전적인 기업가 정신을 전파하였다. 그러나 제대로 된 교육의 기회를 가지지 못했고 경재의식이 부재한 유년기를 보낸 따마들은 지식 엘리트 및 양질의 교육을 받은 젊은 세대들과의 경쟁에서 점차 도태되었다. 마음이 충분히 있지만 힘이 모자랐다(心有餘而力不足).

리찡찡 씨(가명, J, 여, 59세)는 하강(下崗)을 겪지 않았는데, 열심히 일하는 태도로 상사를 감동시켜 단위에 남을 수 있었다.

> 사실 우리 세대의 사람들은 중국의 모든 안 좋은 경험들을 다 겪었어. 개혁개방 이후 다 승진 경쟁을 하는데 솔직히 우리들이 어떻게 다른 사람과 경쟁해? 문화혁명 때문에 공부도 제대로 못했고 배운 기술도 없어. 우리는 인정 혹은 열심히 일하는 태도로 상사에게 좋은 인상을 남길 수밖에 없어. '관시'를 통해, 혹은 상사를 감동시켜야 좋은 일자리 얻을 수 있어… 우리는 현재 경쟁의 시대에서 제일 불쌍한 세대야. —J, 여, 59세

이처럼 시장사회에서 자립갱생(自力更生)이라는 것은 구세대이자 문화혁명을 겪었던 따마들이 쉽게 동화될 수 있는 실천윤리가 아니었다. 생존을 위해 일하고 인정미가 사라진 시장사회에서 다른 사람과 경쟁을 하면서 현실적인, 그리고 자본주의적인 경제적 인간이 되어야 했던 것이다. 따라서 시장상황에 익숙한 신세대와 비교해서 이들을 도전정신이 부재한 '안정적인 삶'만을 추구하는 존재라고 규정할 수는 없는 일이다. 시장경제에 도전할 수 있는 문화적 자본, 경제적 자본이 따마들에게는 부족할 수밖에 없는 역사적인 이유가 있었던 것이다.

이상에서 살펴보았듯 50, 60대 세대의 문화혁명 경험은 그들의 삶에 큰 영향을 미쳤다. 그리고 개혁개방 이후 '반성회향(返程回鄕, 지방에서 다시 수도로 돌아온다)'한 50, 60대 세대는 사회의 변혁을 직면하는 동시에 사상까지도 바꿔야만 했다(轉觀念). 현재 북경에는 사회주의의 유산과 자본주의 시장경제의 힘이 동시에 존재하고 있으며, '오래된' 전통과 '새로운' 가치가 끊임없이 조우하고 있다.

## 5. 소결

마오 시대의 따마들은 문화대혁명과 상산하향(上山下鄕), 학공(學工), 학농(學農)을 경험했다. 이들은 국가에 의지하면서 공산당의 감시와 통제를 받았다. 국가가 강한 권력을 앞세워 문화혁명과 사상교육을 통해 이들 '우링허우'와 '류링허우' 따마들을 사회주의 인간으로 만들었던 것이다. 개혁개방 이후 통치의 새로운 변화는 우링허우와 류링허우 따마들을 국가와 단위가 아닌 스스로에게 의지하는 독립적인 탈사회주의적 존재로 변화시켰다. 마오 시대의 여성은 개인주의적 표현을 하는 것이 금지되어 있는 집단적인 프롤레타리아이자 '인민'이었다. 이론적으로 여성은 남성과 똑같이 국가에서 절반의 역할을 차지하였고, 생산노동과 계급투쟁에 적극 참여하면서 중국 근대국가의 건설에 기여했다. 개혁개방 이후에는 시장화의 영향으로 노동시장에서 정리해고와 경쟁을 경험하게 되었다.

개혁개방이후 따마들은 현실적이고 독립적으로 변해야만 했다. 따마들과의 심층면접에서 드러난 것은, 개혁개방 이후 시장 체제의 시행으로 인해 이들 스스로가 물질주의적 의식을 강화해야만 하는 상황이 되었다는 것이다. 스스로에게 의지해야 하는 따마들은 사회주의 사회의 집단적 공동체를 지향하는 인간으로부터 개인주의적이고 합리적인 현실주의자로 변모해야 했다. 이처럼 현재 중국 따마의 정체성은 사회주의 경험과 신자유주의적 미래지향의 이중적 영향을 받은 혼합체로 이해할 수 있을 것이다.

| 제 Ⅳ 부 |

# 사회주의 중국에서의 금기와 저항

제 6 장

# 행위자의 저항[34]

## - 류샤오보(刘晓波)를 중심으로 -

"우리는 적이 없다(我们没有敌人)."

- 1989년 6월 2일 천안문광장 단식투쟁선언문

"20년 전 단식투쟁선언문에서 밝혔던 나의 신념처럼 여전히 나는 적이 없으며(我没有敌人), 증오 또한 없다. 나를 감시하고, 체포하고, 심문하던 경찰, 기소한 검찰관, 판결한 법관 모두 다 내 적이 아니다."

- 2009년 12월 23일 최후진술

34) 이번 장은 『현상과 인식』 35(3)에 실렸던 글을 수정 보완한 것이다. 그 당시 천안문 민주화운동 20주년을 기념하여 작성하였으며, 출간 2개월 후 류샤오보는 노벨평화상을 수상하게 되었다. 하지만 이 책이 완성되어 출간을 앞두고 류샤오보는 세상을 떠나고 말았다. 류샤오보의 삶과 활동을 기억하며 이번 장을 그에게 헌정한다.

지난 2010년 1월 6일 체코슬로바키아의 마지막 대통령이자 체코 공화국의 첫 대통령인 바츨라프 하벨은 프라하에 있는 중국대사관을 찾았다. '77헌장'의 작성자이자 '진리안의 삶,' '힘없는 자의 힘' 등을 저술한 지식인이기도 한 바츨라프 하벨은 중국의 '08헌장'의 작성자로 국가전복죄와 사회주의체제 파괴혐의로 11년형을 선고받은 지식인 류샤오보(刘晓波)에 관련한 서한을 중국 당국에 전달하기 위해서 중국대사관을 방문한 것이었다. 이날은 공교롭게도 하벨이 '77헌장'으로 체포된 지 꼭 33년이 되는 날로, 하벨은 다른 기념행사대신 중국대사관 방문을 선택한 것이었다. 하지만 연이은 세 차례의 시도에도 불구하고 중국대사관의 문은 굳게 닫혀있었으며 아무런 응답도 없었다. 중국대사관이 주재국 전임대통령의 방문을 굳게 거부한 당황스러운 상황에서, 하벨은 항의 서한을 우편함에 제출하고 떠나는 수밖에 없었다(연합뉴스, 2010년 1월 8일자). 하벨은 항의 서한을 통하여 지식인 류샤오보에 대한 베이징시 중급 인민재판소 판결의 불공정성을 지적하고 있었으며, 그 책임을 중국 최고 지도자인 후 진타오 주석에게 묻고 있었다. 또한 '08헌장' 작성자에게 가해진 가택연금과 경찰감시를 철회할 것, 언론의 자유를 보장할 것, 또한 모든 양심수들을 석방할 것을 요구하고 있었다(The Washington Post, 2010년 1월 9일자).

이후 바츨라프 하벨은 노벨평화상 수상자들인 남아공화국의 투투 주교, 티베트 망명정부의 달라이 라마와 함께 류샤오보를 2010년 노벨평화상 후보로 추대하였다. 그러나 바츨라프 하벨의 이러한 노력에도 불구하고, 2009년 성탄절 북경시 제1중급인민법원이 류샤오보에게 내린 국가체제전복죄 11년형 판결로 인해 류샤오보는 사망에 이르게 되었다.

류샤오보가 받았던 11년형은 1997년 중국에 체제전복선동죄가 생긴 이래 행해진 판결 중 가장 무거운 형량이었으며, 류샤오보는 2020년 6월 출소될 예정이었으나 2017년 7월 13일 사망하고 말았다. 현재까지도 중국 본토에서 하벨 전 체코 대통령의 수많은 저작들이 아직까지도 공식 출판이 금지된 상황이기에 류샤오보에 대한 탄압은 결코 놀라운 일이 아닐지도 모른다. '77헌장'의 작성 혐의로 하벨이 체포된 지 33년이 지난 사회주의 중국에서 류샤오보라는 지식인은 '08헌장'이라는 문건작성 혐의로 11년형이라는 중형을 선고받았고, 결국 그의 삶은 안타깝게 마감되고 말았다.

지난 2009년 6월 체제전복선동 혐의로 구속된 류샤오보는 2009년 성탄절에 내려진 11년형 판결에 항소하였으나, 결국 지난 2010년 2월 11일 북경시 제1중급 인민법원에서 11년이라는 판결을 확정 받는다. 류샤오보는 사실 2008년 12월 8일 '08헌장'의 작성을 주도한 혐의로 체포되어, 재판도 없이 1년 이상 구금되어 있었던 중이었다. 중국 당국에 따르면 류샤오보의 '죄'는 '08헌장'의 작성에 관여한 것과 과거 인터넷에서 중국의 민주화를 요구하는 다수의 글을 발표한 것이었다. 류샤오보의 실질적인 구속은 체포 및 구금 후 6개월이나 지난 2009년 6월에 있었으나, 중국 측의 공식 보도에 따르면 류샤오보의 체포와 언행에는 후진타오 주석이 직접 관여했다고 전해진다(김재관, 2009: 169).

'77헌장'을 작성한 지식인 바츨라프 하벨에 대해서는 다양한 사회학적 연구가 있어왔다(박영신, 1999; 2000; 2008). 이번 장은 바츨라프 하벨이 국제적인 관심을 약속했었던 중국 지식인 류샤오보의 사례를 통하여 현재의 사회주의 중국에서 금기와 저항의 문제를 성찰해 보고

자한다. 본 장에서 '08헌장'의 작성자로서 류샤오보에 주목하는 것은 단순히 '77헌장'의 작성자인 바츨라프 하벨과 유사한 민주화투쟁, 그리고 투옥과 처벌을 경험했다는 것만은 아니다. 오히려 외면적으로 하벨의 저항은 77헌장 → 벨벳혁명 → 민주화로 성공을 거두었다고 할 수 있고, 반대로 류샤오보의 경우는 천안문민주화운동 → 투옥 → 08헌장 → 재투옥 → 사망으로 실패하였다고 성급한 결론을 내릴 수 있을지도 모른다. 하지만 '08헌장'을 작성하여 다시 한번 중국사회에 자유와 민주라는 화두를 던진 저항지식인 류샤오보를 기억하며 사회주의 중국에서 '금기'에 대한 도전과 저항의 가능성을 모색하고자 한다.

## 1. 사회주의 중국에서 '진리안의 삶'의 가능성

바츨라프 하벨에 따르면 사회주의 체제는 생산 수단의 집중화를 통하여 국가가 절대 권력을 행사하는 사회로, 신(神)을 현세에서 추방했지만, 신을 대신하여 국가가 인간들을 지배하는 일종의 세속종교로의 성격을 지닌다(박영신, 1999: 182; Havel, 1988: 388; 원재연, 2005). 또한 이러한 후기전체주의사회에서의 권력은 국민들에게 강제적인 동의와 순응을 요구하게 된다. 그 대표적인 예가 식료품가게 주인의 비유로(Havel, 1989: 41; 박영신, 2000: 114), 하벨은 식료품가게 주인이 왜 자신의 가게에 '만국의 노동자여 단결하라'는 공산당 선언의 한 구절을 전시해 놓는지에 대한 의문을 던진다. 식료품 가게 주인이 진정으로 '만국의 노동자여 단결하라'는 공산당 선언의 구절을 굳게 믿으며, 그

믿음에 의해 자신의 가게에 이 문구를 진열해 놓은 것인가. 하벨에 따르면 그 구절에 대한 본인의 믿음과 가게에 진열해 놓은 행위는 직접적인 연관성이 없다. 오히려 이는 사회주의 사회에서 살아가는 사람들이 끊임없이 자신의 정치성을 증명하고 그 사상성을 밖으로 내보일 것을 강압 받고 있음을 보여준다. '만국의 노동자여 단결하라'는 구절과 그 사상을 사회주의사회를 살아가는 행위자들이 진심으로 믿고 받아들이는가의 여부는 중요한 문제가 아니다. 이러한 구호와 표어를 자신의 상점에 붙여 놓아야만 본인의 삶이 공산당의 감시와 처벌 속에서도 별다른 어려움 없이 평범히 살아갈 수 있는 현실 자체가 문제인 것이다. 사회주의사회에서는 여러 가지 이데올로기 구호와 슬로건을 발견할 수 있는데, 그 이데올로기적 표현들이 반드시 경험적 현실을 반영한 것은 아니다. 오히려 현실에 대한 왜곡과 사회문제에 대한 은폐를 반영하는 위험이 있는 것이다.

결국, '만국의 노동자여 단결하라'는 구절은 식료품 가게 주인 스스로의 자발적인 믿음에 기반을 두기보다는, 후기전체주의 사회에서 규범적으로 살아가기 위한 하나의 생존수단에 불가한 것이다. 식료품가게 주인의 행위는 자신의 사상에 대한 국가의 의심과 감시의 눈초리를 벗어나 마찰과 낙인을 피하고 권력에 순응하며 살아가고자 하는 하나의 표현양식인 것이다. 즉 국가권력의 감시 아래에 살고 있음에도 유토피아에 살아간다고 선포해야하는 사회주의의 현실이자, 사회적 금기를 자연스럽게 받아들여야 하는 민중의 복종의 형태인 것이다. 따라서 그의 행위는 그 자신의 진실한 믿음과는 별 상관이 없다. 사회주의사회에서의 반동주의자, 혹은 반혁명주의자라는 금기와 그에 따른 낙인을 피하고 국가의 권력을 인정하는 소극적인 행위에 불가한 것이다. 생계와 생존을 위하여 본인의 진실한 믿음과 분리된 삶을 영위한다는 점에서 하벨은 이러한 삶을 '거짓된 삶'이라고 부른다(박영신, 2000: 120).

류샤오보가 살고 있는 사회주의 중국의 맥락에서도 겉으로 나타내지만 진심과는 거리가 있는 '거짓된 삶'을 흔히 '표현(表現, biaoxian)'이라는 개념을 통하여 발견할 수 있다(Walder, 1986: 132). '표현'이라는 어구에서 드러나는 것처럼 이는 외부적으로 드러나는 태도, 품행, 혹은 행실에 관한 것이며, 따라서 내면적인 심성이나 마음이 아닌 표면에 드러나는 행위이다. 표현은 주로 일반대중과 당, 일반인과 관료 사이의 위계적인 관계에서 사용되는데, 대개 일반인들의 정치적인 충성과 이에 따른 보상에 관한 개념이다. 공산당이나 관료들에게 있어서는 승진, 승봉 등의 보상체계와 밀접히 연관되어 있기에, 일반인들에게는 '좋은 표현(好好表現)'이 기대되기 마련이다. '표현'에는 다양한 의미가 있지만, 간략히 정리해 보면 ① 국가에 대한 애국주의, ② 상관에 대한 충성, ③ 정치적 올바름, ④ 사상적 건전성, ⑤ 순종 및 순응성 등을 포함한다고 할 수 있다(Won, 2004). 개혁개방 이후 이러한 사회주의적인 잔재들이 경제 영역에서는 점차 약화되는 듯하지만, 정치영역에서는 아직도 공산당의 독재와 더불어 개인의 정상 · 비정상성 혹은 반동 · 순응성을 구분하는 기준으로 여전히 사용되고 있다(Lynch, 1999).

흔히들 중국 본토에는 세 가지 'T'로 시작하는 금기가 존재한다고 한다. 그 각각은 천안문 민주화운동(Tiananmen), 티베트문제(Tibet),

그리고 대만의 독립문제(Taiwan)를 의미한다. 이 세 가지 차원에서 중국 내부의 연구자는 여전히 공식적으로 이러한 주제들을 자유롭게 다루기 매우 어려우며, 대개의 경우 국가가 허용한 이데올로기적 범위와 한계 안에서만 토론하고 이야기할 수 있다. 천안문 민주화에 대한 새로운 해석이나 타이완과 티베트의 독립을 옹호하는 견해는 현실적으로 출판하는 것이 불가능하다. 최근 있었던 다국적 인터넷 기업인 구글(Google)의 철수도 중국정부의 철저한 금기와 언론의 자유에 대한 통제에 대한 반발이었다. 중국 외부에서 구글 검색엔진을 이용하여 '천안문'을 찾으면, 학생운동, 탱크맨 및 다양한 천안문 민주화운동 관련 웹사이트들이 검색된다. 하지만 중국본토 내부에서 '천안문'을 검색할 경우 천안문 광장에서 사진을 찍는 관광객 등, 대개 탈정치적이며 친정부적인 성격의 웹사이트만이 검색된다. 천안문 민주화운동에 대한 공식적인 행사나 추모 또한 불가능하며, 인터넷이라는 공간에서 조차 공식적인 정부의 입장에 위반되는 내용을 발견하기는 그리 쉽지 않다. 1989년 천안문 민주화운동은 공식적으로는 '반혁명폭란,' '동란' 혹은, 사건이 진압된 날짜인 '6월 4일'로 기억된다. 대안적 개념인 '민주화운동', '비극', 혹은 '학살'로 기억하는 것은 용납되지 않으며, 그 당시 참여자나 희생자에 대한 공식적인 추모도 불가능하다. 현재로서는 그 당시 참여자들이 '폭도'로 규정되기 때문에 사망자에 대한 애도나 추모가 불가능한 것이다. 이렇듯 사회주의 중국에서도 민주주의와 언론의 자유에 대한 제한은 매우 가시적이며 이러한 금기를 위반하면 국가로부터의 불이익과 처벌이 따르게 된다. 마치 하벨이 말하는 식료품가게 주인처럼 국가의 공식적 노선을 따라야만 별다른 제재나 처벌 없이 조용히 살아갈 수 있는 것이다.

물론 '진리안의 삶'을 지향하는 저항은 단순하며, 맹목적이며, 폭력적인 저항이 아니라, 도덕적이며, 책임을 지며, 자기 성찰에 기반을 둔 비폭력적 저항이라고 할 수 있겠다. 현실적으로 '진리안의 삶'이라고 이야기 할 수 있는 것은 다분히 거짓된 삶을 극복하려는 노력이라고 볼 수 있다. 불평등을 극복하고자했던 사회주의 사회에서 오히려 만연하고 있는 불평등의 문제와, '노동자를 위한, 노동자에 의한, 노동자의 국가(dictatorship of the proletariat)'를 지향했으면서도 실제로는 '노동자들이 착취당하고 소외되는 사회(dictatorship over the proletariat)'인 현실의 이 위선성에 대한 문제제기인 것이다(Feher, Heller and Marcus, 1983). 즉, 믿음과 행위가 분리되는 사회, 진실에 대한 금기가 존재하는 사회에서 진실을 찾고자 하는 시도와 노력인 것이다.

이번 장이 류샤오보에 주목하는 것은 단순히 '08헌장'에 참여한 이후, 11년이라는 장기형을 선고받고 투옥되어 있다는 이유만은 아니다. 중국의 지식인에 대한 기존 연구들은 대부분 지식인들의 체제 순응적이고 협력적인 특징에 주목하여, 중국 지식인들은 관변 시민사회에 포함된다는 주장까지 펼치곤 한다(Gu, 2004; Gallagher, 2004). 또한 극소수로 존재하던 저항지식인들 - 차이링(柴玲), 우얼카이시(吾尔开希), 왕단(王丹) 등의 학생들, 혹은 팡리지(方励之), 웨이징션(魏京生), 류빈안(刘宾雁) 등 대부분의 인권운동가들이 해외망명을 선택했던 와중에서도, 류샤오보는 중국에 끝까지 남아 지난 20여 년간 꾸준히 중국사회에서 민주주의를 요구하고 있는 보기 드문 저항지식인이다. 하벨이 반체제 연합을 조직해 이룩한 체코슬로바키아의 민주화 시민혁명을 의미하는 '벨벳혁명'이 일어났던 1989년, 중국에서도 흔히 '6·4'로 불리는 '천안문 민주화운동'이 발생했고, 류샤오보는 그 당시에도 역사의 현장인 천안문 광장에 있었다. 류샤오보는 20여 년 전인 1989년 천안문 민주화운동 과정에서도 평화적인 해결을 요구하며 단식투쟁을 감행했었으며, 20년이 지난 2009년에는 '08헌장'을 이유로 많은 지식인을 대표해서 일벌백계 형식으로 장기형을 판결 받게 된 것이다.

중국 독립작가회의 주석을 지내기도 한 류샤오보는 천안문 민주화운동에 대한 정당한 역사적 평가와 중국사회의 민주헌정세 확립을 지속적으로 요구해 왔다. 중국내부에 여러 다양한 지식인들이 있으나, 지난 20여 년간 꾸준히 사회주의중국에서 가장 민감한 사항인 천안문 민주화 운동과 공산당 독재에 대해서 근본적인 문제제기를 해온 지식인은 그리 많지 않다. 최근 류샤오보의 체포와 투옥의 이유가 되었던 '08헌장'은 사실 1989년 천안문 민주화 운동에 그 역사적 기원이 있으며, 천안문 민주화운동 당시 구체화되지 못했던 민주화에 대한 보다 실질적인 제도적, 법률적 요구들이 '08헌장'에 반영되어 있다. 따라서 이번 장은 중국 사회주의 사회에서의 저항의 모습을 '08헌장'과 1989년 천안문 민주화 운동 당시 류샤오보의 행적, 그리고 지금까지 발간된 그의 원고 등을 통하여 논의하고자 한다. 물론 후기전체주의 사회에서 이러한 '진리안의 삶'을 위한 노력과 시도에는 심각한 감시와 처벌이 뒤따르겠지만, 이번 장에서 논의하는 류샤오보의 사례는 어쩌면 그의 저항이 중국정부에 실제적인 위협이 되고 있음을 반영한 것일지도 모른다.

## 2. 저항지식인 류샤오보

저항지식인 류샤오보는 1955년 12월 28일 길림시 장춘 태생으로 문화혁명시기인 1970년부터 1973년까지 하방(下放)을 겪은 아버지를 따라 내몽고에서 하향을 경험하였다. 또한 1976년부터 1년간은 장춘 건설회사에서 페인트 공으로 일을 하다가, 1977년 길림대학 중문과에 입학하여 82년에 졸업, 84년에는 석사학위를 취득한다(Feng, 2010). 이후 북경사범대학에서 강의와 박사과정을 병행하며 1988년 박사학위를 취득한다. 이후 노르웨이 오슬로대학, 미국 하와이대학, 콜롬비아 대학 등지에서 방문학자로 머무는데, 콜롬비아 대학에 있던 중 1989년 천안문 민주화운동으로 말미암아 서둘러 귀국한다. 그리고 1989년 천안문 민주화운동 당시의 정치활동으로 결국 21개월의 징역형을 복무하면서 후에 중국민주화의 '돈키호테'라는 별칭을 받게 된다(Barme, 1990).

류샤오보는 흔히 자유주의 지식인, 혹은 근대화 지향의 지식인으로 알려져 있으며, 자유주의 내부에서도 정치적 자유주의자 혹은 급진적 자유주의자로 분류된다(김도희, 2008). 물론 사회주의 중국의 맥락에서 '자유주의'의 의미는 자본주의 사회의 맥락과 동일시하여 보수적인 신자유주의로 일반화하기는 어렵다. 중국의 자유주의 내부에는 다양한 시각들이 존재하며, 또한 단순한 서구화나 시장화를 지향하는 것이 아니라 중국에 산재한 불평등 문제와 사회정의에도 관심을 보인다(구문규, 2006). 중국 개혁개방 이후 자유주의와 좌파 지식인들 사이에서 중국의 미래에 대한 끊임없는 논쟁이 있어 왔으며, 천안문 민주화운동과 '08헌장'에 참여한 지식인들은 주로 자유주의 지식인으로 분류된다(Feng, 2010). 신좌파 지식인들은 1990년대 빈부격차의 심화, 실업의 만연, 정부의 부패 등을 지적하며 관심을 받았지만, 후진타오-원자바오(胡錦濤-溫家寶) 집권 이후 최근 정부의 감싸 안기에 포섭되었다는 비판도 있다(백승욱, 2007). 중국본토 대부분의 지식인이 국가에 공개적인 도전을 하거나 저항을 하기 보다는 협력적이거나 체제에 수렴되어 단순히 국가의 보조적인 입장을 취해 온 것은 사실이다. 1990년대 급진적인 입장을 가졌던 신좌파 또한 최근 그 목소리가 줄어드는 맥락 안에서, '자유주의자'라고 불리는 류샤오보가 민주주의를 요구하며 중국정부와 사회에 대한 신랄한 비판을 가하고 있는 것이다.

류샤오보가 근대화 지향의 자유주의 지식인으로 알려진 것은 그가 중국의 역사를 근본적으로 폭력과 지배와 갈등으로 가득 찬 독재의 역사로 파악하고, 이를 극복할 것을 강력하게 주장하기 때문이다(Feng, 2010). 즉, 중국의 급진주의와 혁명적 전통에 대한 비판을 자신의 주장의 기반으로 삼고 있다(백승욱, 2008: 324). 류샤오보(Liu, 1994)에 의하면 중국의 역사를 통하여 중국사회가 민주적인 적은 한 번도 없으며, 1949년의 사회주의 정권수립 역시도 마르크스주의가 새로운 지배계급의 사상적 기반이 되면서 '주인과 노예의 불평등 관계'를 재생산해 버렸다고 주장한다. 해방 이후 반우파투쟁, 대약진운동, 그리고 문화혁명을 거치면서 중국의 지식인들은 중국공산당에 의한 사상개조의 대상이었으며, 이러한 사건들에서 전통적인 위계성, 폭력성, 그리고 만민수성은 재발견된다. 이렇게 중국사회에 대한 탈사회주의적, 탈마르크스적 비판을 한다는 의미에서 류샤오보는 좌파 혹은 마르크스주의적인 지식인이라기보다는 자유주의자로 분류되지만, 류샤오보 자체는 단순한 '좌파 · 우파' 혹은 '사회주의'와 '자유주의'라는 이데올로기적인 흑백논리와 양분논리를 거부하고 있다(Barme, 1990). 이 점에서 류샤오보를 단순히 자유주의자로 단정하기 보다는 오히려 비순응주의자, 비타협주의자, 혹은 저항지식인으로 보는 것이 더욱 적절할 것이다.

이 연구에서 역시 류샤오보를 '자유주의 지식인'으로 지나치게 일반화하여 단정하기 보다는 지난 20여 년간의 투쟁경험과 중국역사를 통하여 성장하고 진화한 '저항지식인'으로 보고자 한다. 이는 '자유주의'라는 개념이 사회주의적인 맥락과 자본주의적인 맥락에서 동일시하기 어려우며, 또한 자유주의가 '보수주의'를 연상한다는 오해를 피하기 위한 것이다. 또한 자유주의와 다른 사상사이의 사변적이고 이론적인 차이점에 초점을 두기보다는 중국의 현실에서 나타나는 류샤오보의 실천적, 비판적, 그리고 대안적인 활동을 중심으로 논의하고자 한다. '자유주의'라는 개념은 류샤오보의 저항과 행적을 고정화, 평면화하여 지나치게 단순하게 받아들이는 한계가 있다. 류샤오보는 1989년 천안문 민주화운동이라는 실천경험을 통하여 저항지식인으로 출현한 이후, 20여 년의 경험을 바탕으로 정책제안적인 '08헌장'을 작성했던 것인데, 이점 또한 관념적이거나 이데올로기 지향보다는 그의 실천성, 저항성을 부각시킨다.

이에 이번 장은 저항지식인으로서의 류샤오보의 모습을 역사적인 사건과 국면에 기반하여 실천적 저항, 비판적 저항, 그리고 헌정민주주의라는 대안을 모색하는 대안적 저항의 세 가지 모습으로 논의하고자 한다. 첫 번째의 실천적 저항은 류샤오보가 과거 한때 비관주의적 혹은 허무주의적인 모습에서 1989년 천안문 민주화 운동을 기반으로 대중운동에 과감하게 참여하는 실천적 지식인으로 등장하는 모습을 말한다. 현재 류샤오보가 중국의 민주화 운동에서 차지하는 상징적인 지위를 이해하기 위해서는 지난 1989년에 있었던 천안문 민주화 운동 당시의 그의 실천을 아는 것이 필수적이다. 둘째, 이후 류샤오보는 투옥경험과 천안문 민주화 운동 당시의 경험을 기반하여 중국정부와 학생운동가들 모두에게 신랄한 비판을 가하는 모습을 보여주었다. 마지막으로 '08헌장'을 통하여 류샤오보는 실천과 비판을 넘어서 헌정민주주의라는 실질적인 대안을 모색하는 대안적 저항의 모습을 보여준다.

### 1) 실천적 저항: 1989년 천안문 민주화운동

1989년 당시 중국은 개혁개방의 경험이 10년이 되던 시기로, 1979년 시작한 농업, 공업, 과학, 군사 분야에서의 4개 현대화와 선부론(先富論)이 성공을 거두어 가시적으로 급속한 경제성장을 이루었으며 더불어 정치·문화 분야에서도 새로운 변화의 가능성을 탐색하던 때이다. 하지만, 이러한 중국 사회의 성공적인 개혁개방에도 불구하고, 물질만능주의, 지배층의 부패, 반성적 인플레이션 등, 중국 개혁에 대한 근본적인 문제제기와 함께, '아래로부터의 민주화'라는 이슈가 끊임없이 논의 되었다. 천안문 민주화운동은 개혁파의 지도자인 후야오방(胡耀邦)의 장례식이 계기가 되어 시작되었으며, 이후 또 다른 개혁파인 자오쯔양(趙紫陽)이 물러나며 사망시까지 가택연금이 되는 계기를 마련하기도 하였다(자오쯔양, 2010). 당시 중국의 공식노선은 '경제발전을 위하여 정치적 요구를 유보하자'는 것이었으나, 천안문 민주화 운동을 통하여 민주개혁의 문제가 부각된다. 구체적으로는 민주선거, 언론자유, 집회자유, 부패·족벌주의의 종식, 참정권 보장, 보통선거의 실시와 다당제 실시 등 다양한 문제제기가 있었다(김도희, 2008). 하지만 이러한 민주개혁의 요구가 실패하면서 현재와 같이 정치적으로는 사회주의, 경제적으로는 시장주의로 결합된 '중국특색 사회주의 시장경제 체제'가 굳어지게 된다.

1989년 당시 천안문 광장에는 다양한 민주세력이 결집하였는데, 그들이 모두 통일된 집단이나 조직을 구성하였다고 보기는 어렵다. 천안문 광장에는 학생, 지식인, 노동자 등 여러 집단이 있었으며, 학생들 또한 차이링을 중심으로 한 급진과격파 학생들과 왕단을 중심으로 한 온건파 학생들이 있었다. 당시 류샤오보는 왕단, 우얼카이시 등과 함께 천안문 광장으로부터의 점진적 철수를 지지한 온건파로 분류된다. 천안문 민주화 운동 이전의 류샤오보는 세상과 사람들에게 모두 희망을 찾을 수 없다고 사고하는 문화적 허무주의자이며 비관주의자라는 평가를 받아왔으며, 중국의 지성계에서도 주류지식인들에게 냉대를 받아와 다분히 이단아적인 위치에 놓여 있었다(Barme, 1990). 하지만, 1989년 천안문 민주화운동이라는 역사적 사건을 통하여 상아탑을 넘어서 중국정부, 그리고 일부 과격학생들과 실질적인 대립구도를 형성하는 중국의 대표적인 실천적 지식인으로 부각되게 된다.

1989년 5월 당시 천안문 민주화운동을 이끌었던 지도부였던 차이링으로 대표되는 강경파 학생들은 목숨을 걸고 천안문 광장을 사수할 것을 주장하고 있었다. 이에 비해 온건파에 속하는 우얼카이시와 왕단은 5월 23일 천안문 광장으로부터의 철수 결정을 내렸으나, 당시 강경파였던 차이링의 반대로 이를 달성하지 못한다(Schell/Shambaugh, 1999: 199). 이에 1989년 6월 2일 류샤오보는 천안문 민주화운동의 평화적 해결을 위하여 호더지엔(侯德健), 조우더(周舵), 가오신(高新) 등 다른 세 명의 지식인들과 단식투쟁을 진행하였으며, 폭력적 진압이 시작된 6월 4일 새벽에는 계엄군과 협상하여 천안문 광장에서의 철수를 도왔다(Nathan/Link, 2002: 379-380). 류샤오보는 자칫 무질서하고 지나친 과격주의나 급진주의가 부각되는 천안문 광장에서 중국정부 측과 원만한 해결을 위하여 대화를 시도하였으며, 6월 4일 새벽에 광장 점령군과 대화를 통하여 평화로운 철수 결정을 내리는 데에 핵심적인 역할을 하였다. 2009년에 중국 정부로부터 체제전복죄로 11년형을 선고받은 류샤오보가 1989년 천안문 민주화운동 당시에는 과격파나 급진파 민주세력이 아니라, 천안문 광장에서의 평화로운 철수를 주장하고 그 과정을 계엄군과 타협했던 온건파였다는 사실은 하나의 역설이라고도 할 수 있다. 그럼에도 불구하고 류샤오보는 천안문 민주화 운동 이후 본인의 북경사범대 직장을 잃게 되며, 파면과 투옥을 거치며 다시 한번 비판적 지식인으로서의 그의 위치가 본격적으로 부각되기 시작하였다.

류샤오보와 다른 세 명의 지식인들은 1989년 6월 2일 선포된 '단식투쟁선언문'에서 평화로운 민주화과정에 대한 중국 국민들의 지지를 요구하였으며, 또한 책임 있는 시민으로서 의무를 다하기를 당부하였다. '08헌장'에서 나타난 내용들의 단초를 '단식투쟁선언문'에서 발견할 수 있는데, 이 내용은 당시 정부를 견제할 수 있는 독립적인 시민사회의 건설에 대한 요구와 함께 자의적인 권위가 아닌 절차적 정당성에 기반을 둔 민주적 권력에 대한 요구를 담고 있다. '단식투쟁선언문'의 구절들을 살펴보면 류샤오보의 이념적 지향을 읽어볼 수 있는데, 이념이 아닌 실천적 민주화, 책임의식, 그리고 자기 성찰이라는 세 가지 화두가 부각된다. 이는 앞서 언급한 하벨의 '진리안의 삶'에서의 지향과 매우 유사하다 하겠다. 아래는 단식투쟁 선언문중 일부분을 발췌하여 정리한 것이다.

〈표 7〉 천안문 민주화 운동시 단식선언문(1989년 6월 2일)

| |
|---|
| 수천 년의 중국역사는 폭력과 적대의식으로 물들어 있다. 바로 이 이유에서 우리는 단식투쟁을 시작하는 것이다. 우리의 소망은 중국인들이 서로에게 적대의식을 버리고, 또한 계급투쟁이라는 개념을 중국의 정치문화로부터 없애버리기를 요구한다.…민주정치야 말로 적이 존재하지 않으며 적에 대한 증오감 또한 존재하지 않는 정치이기 때문이다.<br>…우리는 중국인들이 시민의식을 획득할 것을 요청한다. 시민의식은 첫째로 모든 시민이 정치적 권리를 소유한다는 것을 의미한다. 두 번째로 시민의식은 합리화된 정치의식, 정치책임의식을 의미한다. 세 번째로 시민의식은 스스로의 의무와 책임에 대한 각성의식을 의미한다.<br>…현재 정부와 학생들 모두 많은 실수를 저질렀으므로, 모두 스스로 심각한 자기반성을 할 것을 요구한다. … (천안문광장의) 학생들은 그들 조직 내부의 무질서와 민주절차에 대한 무시를 보여주었다. 비록 학생 |

> 들의 목적은 민주주의였지만, 학생들이 채택한 수단과 그 구체적인 과정은 비민주적이었다. 이론은 민주주의 이론이었지만, 실제 현실에서 구체적인 문제를 다루는 과정은 비민주적이었다. …이러한 이유로 우리는 전통적으로 단순한 이데올로기로의 민주주의라는 공허한 구호와 슬로건, 그리고 목적지향적인 접근을 버리고, 정치과정으로의 민주화에 참여할 것을 요구한다. 또한 작지만 현실적인 문제를 다루는 실제적인 민주화 운동을 만들기를 호소한다.
> …우리는 적이 없다. 증오와 적대, 그리고 폭력이 중국의 민주화과정을 오염시키도록 하지 말아야 한다. 우리 모두 스스로 자기반성을 해야 한다. 우리 모두 중국의 후진성에 대한 책임을 지어야 한다. 우리는 무엇보다 '시민'이어야 한다. 우리는 죽음을 추구하는 것이 아니라, 진정한 삶을 추구한다.

출처: Schell/Sambaugh(1999: 199-204)에서 번역 및 축약, 재구성

'우리는 진정한 삶을 추구하지 죽음을 추구하지 않는다'는 구절은 단식투쟁선언문의 맨 처음과 맨 뒤를 장식한다. 류샤오보는 '삶'에 대한 강조를 통해, 죽음을 불사하고 단식투쟁을 진행했던 일부 과격 학생들과 죽음 각오로 끝까지 남아 천안문 광장을 지키자는 과격파 학생대표 차이링 등과의 차이점을 보여주고 있다. 그는 중국 역사를 대립과 증오와 폭력의 역사로 인식하고 있으며, 천안문 민주화운동이라는 새로운 기회를 통하여 이러한 부정적인 과거 역사의 잔재를 극복하고 새로운 민주적 중국을 건설하자고 제안하고 있는 것이다. 이러한 민주정치에는 '적'이라는 대립 세력이 존재하지 않기에 따라서 적에 대한

증오와 적대도 존재하지 않는다는 것이다. 문화혁명 시기를 비롯하여 중국의 과거를 지배해 왔던 갈등의식, 대립의식, 투쟁의식을 극복하지 않고서는 민주주의는 이루어지기 어렵다는 주장이다.

두 번째 문단에서 류샤오보는 단지 국가와 제도의 민주화만을 목적으로 하지 않는다는 것을 보여준다. 과거의 대립적인 증오와 폭력으로 벗어나야 하는 것은 비단 국가뿐 만 아니라 모든 시민의 책무이며, 현재 중국의 안타까운 상황에는 중국 시민 모두가 책임이 있다는 것을 지적하고 있다. 이는 단순한 흑백논리나 양분논리가 아니라, 진정한 민주화에는 시민들의 참여와 성찰이 필수적이라는 것을 보여준다. 따라서 단순히 천안문 광장이라는 공적인 공간에서의 민주화 뿐 만 아니라 개개인의 일상적 삶에 있어서의 민주화 또한 필수불가결하다는 것이다. 이는 류샤오보가 중국민중들을 단순히 광장 속의 질서 없는 군중이나, 수천 년 간 지배를 받아온 노백성(老百姓)이라는 수동적인 개념으로 이해하는 것이 아니라, 국가의 주인으로 책임지고 운명을 개척하며 스스로 자신을 성찰할 수 있는 시민이자 공민으로 이해하고 있음을 알 수 있다. 이러한 자기반성(自我反省)은 누구에게도 예외가 될 수 없으며, 국가뿐만 아니라 중국민중 개개인 모두에게 필요하다는 것이다.

세 번째 문단에서는 류샤오보의 비판대상에 국가 뿐 만 아니라 천안문 광장에서 운동을 주도하였던 학생지도부도 포함되어 있음을 알 수 있다. 그는 민주화를 요구하며 대중을 이끌었던 학생지도부의 운동주도 방식도 결코 민주적으로 보기 어려운 측면이 존재하였기에, 이데올로기, 슬로건을 넘어선 과정 및 절차상의 민주화 또한 요구하고 있다. 류샤오보는 이러한 학생지도자들에 대해서 슬로건과 말을 앞선 혁명적인 순교에 대한 낭만적 애도는 사실 민주주의적이지 못하며, 여전히 적대적인 사고를 극복하지 못한 것이라고 지적하였다.

1989년 천안문 민주화운동이 6월 4일 새벽부터 유혈 진압된 이후 류샤오보는 다른 학생지도자들과 달리 베이징을 떠나지 않고, 오히려 도시를 자유롭게 활보하였다. 그러던 중 1989년 6월 6일 체포되어 중국 정부로부터 반혁명적 동란의 조직자와 계획자로 1991년 1월까지 20개월에 걸쳐 투옥된다(Barme, 1990). 상성파였던 차이링을 비롯한 대다수의 운동가들이 처벌을 피해 해외망명을 선택한 상황에서, 천안문 민주화운동의 유혈 충돌을 끝까지 막고자 노력했던 류샤오보가 오히려 반혁명이라는 이름으로 처벌된 것이다.

### 2) 비판적 저항: 다양한 저술활동[35]

천안문 민주화운동 이후 류샤오보는 중국정부와 학생들을 비판하며 '자기성찰'을 요구하던 생각을 조금 더 발전시켜 "That Holy Word, Revolution"이라는 글을 1992년 영어권 독자들에게 발표한다(Liu, 1994).

---

35) 앞서 언급한 바와 같이 류샤오보의 저술은 학계나 정부가 대상이라기보다는 일반 시민들이 주 대상이다. 이 점에서 일부 지식인들의 류샤오보의 거친 논리와 단순성, 그리고 대중성에 대한 비판도 존재한다. 또한 그가 학문적으로 세련되지 못하고, 지나치게 직설적이며 고집이 세다는 한계의 평가도 있으며(Barme, 1990), 중국정부의 공식입장은 그를 '반동,' '반혁명분자,' 혹은 '미치광이'등으로 보기도 한다. 이번 장에서는 류샤오보의 저술에 대한 학술적 평가보다는 그의 실천적이고 비판적인 저항의 모습을 역사적인 맥락에서 이해하고자 한다.

류샤오보는 이글에서 중국에서 '혁명'이라는 개념, 즉 중국 사회에 만연한 적대의식, 이데올로기 숭배, 혁명의식을 비판하며 혁명과 반혁명이라는 양분논리를 신랄하게 비판한다. 개혁개방을 경험하고 있는 중국에서 아직도 발견되는 과거의 부정적인 잔재가 바로 혁명적인 사고 혹은 극단적인 선택이 모든 것을 해결해준다는 결정론적입장인데, 이러한 결정론적인 사고는 천안문 광장을 점령하고 민주주의를 외치었던 학생들에게서도 발견되었던 것이다.

류샤오보의 사고 역시 혁명이 모든 것을 해결해준다는 결정론적인 사고, 반우파투쟁, 대약진, 그리고 문화혁명시 만연했던 홍위병적 심리태도 등을 극복하자는 것이다. 1949년 중화인민공화국 성립 이후 '혁명'에는 자기희생과 정의라는 의미가 포함되었으나, 다른 한편 양보와 타협과 용서를 거부하는, 가장 극단적이며 가장 과격하며 가장 절대적인 것이 곧 혁명적인 것이라고 간주되는 부작용을 낳게 되었다(Liu, 1994: 310-311). 즉 '혁명' 혹은 '혁명적'이라는 단어가 맹목적이고 비지성적이며 심지어 잔인한 행위에까지 정당성을 부여하는 역할을 한 것이다. 중국역사를 보면 혁명적인 사고로 인해 인간성과 합리성, 양심과 관용을 잃게 되고 오히려 광기에 빠져버리게 되는 일예는 문화혁명에서 극명하게 나타난다. 민주개혁을 지향했던 1989년의 천안문 민주화운동에서 조차도 이러한 '혁명'에 대한 독선적인 강조라는 점에서는 예외가 아니었다. 천안문 광장에서 발견되었던 적대의식, 증오, 급진주의 그리고 완고함은 바로 문화혁명 당시 발견되었던 '혁명'의 특징들이었다(윗글: 320). 결국 '민주주의'라는 지향점은 바뀌었지만, 그 작동방식은 여전히 혁명주의적인 양분논리에 빠져 있었던 것이다. 혁명적인 사고를 지닌 급진적인 학생들은 지향으로서의 민주주의를 주장하였지만 운영방식으로서의 민주주의를 실천하지는 못했던 것이다. 이 점에서 류샤오보는 어쩌면 그 누구보다도 중국의 민주화를 열망하고 있음에도 불구하고, 민주화 과정은 평화적, 점진적, 그리고 장기적으로 가능하다는 현실을 받아들이고 있다(윗글: 322).

류샤오보는 이후 중국 정부와 사회에 모두 신랄한 비판을 던지는 저술을 지속적으로 발표한다. 많은 원고 중 2009년 국가전복죄에서 유죄 판결의 근거가 되었던 원고는, 2005년에 작성한 "중국공산당의 독재애국주의(中共的独裁爱国主义)," 그리고 2006년에 작성했던 "중국인은 당주도의 민주주의를 받아들일 수밖에 없는 존재인가(难道中国人只配接受"党主民主)", "사회개혁을 통한 정권개혁(通过改变社会来改变政权)", "다차원적인 중국공산당 독재(多面的中共独裁)" 등이다.[36] 이러한 글들은 모두 그에게 선동 및 국가전복문건을 작성한 혐의를 안겨주었다. 이 글들을 통해 류샤오보는 현재 중국 사회가 과거의 낙후된 봉건적 전통과 부패한 배금주의적 자본주의, 그리고 빈사상태의 폭력적 공산주의의 결합으로 인해 약탈적이고 폭력적이며 부패한 사회가 되었다고 주장하며, 그 주체인 국가 관료들도 신랄히게 비판한다.

류샤오보의 "중국의 독재애국주의"에서 드러난 그의 비판은 우선 중국사회주의 체제의 위선성, 즉 공산당 독재의 문제를 고발하는 것으로 시작한다. 그 중 대표적으로는 공산당이 멸망하면, 곧 중국도 멸망

36) 인용된 류샤오보의 글들은 논문이라기보다는 인터넷으로 발표된 짧은 문건의 형식이기에 쪽수를 명시할 수 없었다.

한다는 '망당망국론(亡黨亡國論)'을 비판한다. 즉, 공산당이라는 일개 정당이 하나의 국가와 일체될 수가 없음에도 불구하고, 중국 공산당의 슬로건 중 하나가 '공산당이 없다면 새로운 중국은 있을 수 없다(没有共产党就没有新中国)'는 것이다(刘晓波, 2005). 하나의 이해집단에 불과한 정당이 그 국가, 민족, 그리고 인민을 모두 대표할 수는 없다. 중국공산당을 중국과 동일시 할 수 없으며, '망당'은 일개 정당의 붕괴를 의미하지, 중국이라는 국가 혹은 중화민족의 붕괴를 의미하지는 않는다는 것이다. 실제로 중국역사상 정권은 끊임없이 바뀌었지만, 이것이 중국이라는 국가가 '망국'을 당했다고 보지는 않는다. 1949년 국민당의 몰락은 봉건적이고 전통적인 귀족·가족주의 사회를 근대사회로 바꾸었으며, 마오 쩌둥은 국민당정권을 공산당 정권으로 바꾸었다. 마찬가지로 중국공산당의 폐망도 중국의 폐망을 의미할 수는 없다는 것이 류샤오보의 생각이다.

류샤오보에 따르면 중국공산당정권이 주창하는 애국주의는 '당'을 국가로 대체한 것에 불과하므로, 이는 '애국주의'라는 이름아래 중국인민들이 독재정권, 독재당, 독재자를 사랑하기를 요구하고 있는 것에 불과하다. 이것은 하벨이 주장했던 '권력의 독점'에 대한 비판, 즉 현존질서를 진리와 동일시 할 수 없고 어느 한 세력에 의해서 독점될 수 없다는 비판과도 매우 유사하다(박영신, 2000: 84). 이를 통하여 류샤오보는 민중이 바로 국가주권의 근원이며 정부나 지배당은 국가의 공복(公僕)이지 국가의 주인이 될 수 없다는 것을 강조하고 있다.

유사하게 중국공산당에 대한 비판은 2006년 1월 6일에 출간된 "중국사람들은 단지 당주도의 민주주의를 받아들일 수밖에 없는가(难道

中国人只配接受"党主民主)"에서 지속된다(刘晓波, 2006ㄱ). 이글은 2005년 10월 19일 중국국무원신문사무소에서 발간한「중국의 민주정치건설」이라는 백서에 대한 반박문이다. 최근 중국 정부 내부에서도 민주주의에 대한 가능성과 그 필요성에 대한 논의는 매우 활발하여,「중국의 민주정치건설」(2005. 10. 19),「중국의 정당제도」(2007. 11),「중국의 법치건설」(2008. 2) 등이 발간되었고, 또한 후진타오총서기는 2006년 미국 방문시에도 '민주가 없으면 현대화도 없다(没有民主就没有现代化)'라고 발언하였다(김재관, 2009: 145). 물론 이러한 중국 내부의 공식적인 민주주의 논의에서 중요한 단서는 이 모든 것이 '공산당의 영도 및 지도 아래'라는 점이다.

2005년에 발표한「중국의 민주정치건설」백서에 따르면 중국은 공산당의 영도를 견지하고, 인민과 법에 따른 통치를 유기적으로 결합할 것을 천명하고 있다(이문기, 2009). 중국특색의 민주주의는 당의 영도를 포기할 수 없는 것이다. 이 백서의 주된 내용은 중국공산당의 영도론을 강조하고 있으며, 이러한 중국공산당의 핵심적인 지도역할이 강요가 아닌 중국인민들의 자발적으로 선택하였다는 것이다. 결국 중국사회에서 권위와 권력은 '공산당'만이 주체임을 반복·강조한 것이다. 이에 대해 류샤오보는 민중이 주체가 아니라 당이 주체가 되는 민주주의는 사실 허물에 불과하다고 비판을 한다. 결국 당주도의 민주주의를 중국내의 유일하게 가능한 민주주의라고 인정하고 받아들이는 것은, 하벨의 개념을 빌려 말하면 '거짓된 삶'을 강요받는 것이다.「중국의 민주정치건설」은 중국공산당이 처음으로 공개적으로 민주주의를 나눈 백서라는 의의가 있지만, 류샤오보는 이는 발간 그 자체 이외에는 별

다른 의미가 없으며 '민주주의'란 관주도가 아니라 민간 그리고 민중 스스로가 주도하는 방식에 의해서만 가능함을 역설하고 있다.

류샤오보는 또한 이러한 권력관계에 있어서 공산당 지배의 현실에 대해 다시 한번 중국 민중에게 그 책임을 묻고 있다. 물론 중국공산당의 독재라는 현실은 폭력적 탄압과 위협이 그 가장 큰 원인이겠지만, 민주주의에 냉담하고 무관심해왔던 중국 민중에게도 그 책임이 있다는 것이다(刘晓波, 2006ㄱ). 즉, 중국 역사에 있어 통치자와 피통치자의 지배관계는 변하지 않았으며, 과거와 마찬가지로 권력은 여전히 독재자의 손에 있으며 인민들은 그저 '만세'를 외치고 있다는 것이다. 즉 폭력으로 유지되는 정권에 대한 비판과 더불어 중국민중들의 물질주의, 무관심주의를 비판하며 자기성찰과 각성을 요구하고 있다.

류샤오보에게 진정한 민주화와 개혁은 단지 국가의 개혁이 아니라 일반 민중을 포함한 사회전반적인 개혁이 수반되어야 함을 "사회개혁을 통한 정권개혁(通过改变社会来改变政权)"을 통하여 구체적으로 밝히고 있다(刘晓波, 2006ㄴ). 이글을 통해서 류샤오보는 국가개혁만이 아닌 사회개혁, 그리고 폭력이 아닌 비폭력으로 중국사회를 민주화시킬 것을 요구한다. 류샤오보에 있어 비폭력저항의 위대한 점은 증오를 사랑으로, 편견을 관용으로, 오만과 오욕을 겸손과 존엄으로, 그리고, 폭력을 이성으로 대응한다는 점이다. 즉, 중국역사를 통하여 끊임없이 반복되어온 '폭력에 대한 폭력의 응전'의 정치적 악순환을 초월하게 만들 수 있다. 이글에 드러난 류샤오보가 제시하는 중국사회를 개혁하는 방식을 정리하면 다음과 같다.

① 비폭력민권운동은 권력쟁취를 목적으로 하지 않으며, 존엄을 기반으로 생활하는 사회건설을 목적으로 한다.

② 비폭력민권운동은 거대한 변환을 추구할 필요가 없다. 다만 미시적 일상에서의 다양한 자유의 실천이 요구된다.

③ 자유를 부정하는 정권과 제도의 강한 역량에 맞서, 각각의 개인은 성실하고 존엄한 생활에서 자유인으로 생활할 권리를 위하여 전심전력으로 투쟁해야 한다(刘晓波, 2006ㄴ).

류샤오보는 당주도가 아닌 민간주도의 스스로 책임지는 자발적인 민주주의 건설을 목표로 하며, 이를 위해서는 민중 개개인의 자기성찰이 요구되며, 정권차원뿐만 아니라 사회전반적인 차원에서의 비폭력적 개혁이 필요하다는 것이다. 또한 '공산당만이 잘못되고 민중은 잘한다는 식의 흑백논리, 양분논리를 거부해야 하는 것이다. 그리고 폭력성, 혁명성에 의존한 국가파괴로는 불가능하며, 책임감을 가지고 스스로를 개혁하는 미시적 일상으로부터 시작해야 한다. 이러한 류샤오보의 저술활동은 '08헌장'을 통하여 보다 발전적이고 체계적으로 정리되며, 현존 공산당 독재라는 지배질서에 대한 법률적, 제도적인 대안을 제시한다.

### 3) 대안적 저항: '08헌장'

지난 2004년 중국 전국인민대표회의에서 새롭게 인권보호 규정이 추가되었다(서진영, 2004). 새로 제정된 중국의 신헌법 제35조에 따르면, '중화인민공화국 공민은 언론, 출판, 집회, 결사, 여행, 및 시위의 자유를 가지고' 있으며, 제41조에 따르면 '중화인민공화국 공민은 국가기관이나 국가 관료에게 비판과 제안을 할 권리를 가진다'고 천명한다. 또한 인민일보의 이론간행물인 「民主论运」(2007년 제8기 특집호)의 '중국민주모델은 이미 형성되었는가(中国民主模式是否已形成)'라는 글에서는 중국의 민주주의모델은 이미 형성되어 일정정도 성과를 거두고 있다고까지 주장하였다(김재관, 2009: 150). 이는 과거 경제개혁을 위해서 정치개혁을 미루자는 주장에서 변화되어 중국 내부에서 이미 정치적 민주화가 이루어졌다는 주장이다. 이러한 주장이 가지는 함의는 결국 공산당이 주도적으로 개혁의 주체가 되는 모델로, 궁극적으로는 다당제와 삼권분립제도를 배제하는 모델이라고 할 수 있다. 그렇다면 중국특색의 사회주의에서 정말 민주주의가 확립되었는가는 논란의 여지가 많다. 이는 지속적으로 진행된 개혁, 경제성장과 법치화에도 불구하고 공산당이라는 헌법보다 상위에 존재하는 조직이 권력을 독점하는 상황이 과연 진정한 민주화로 볼 수 있는가의 문제이다(Nathan, 2009). 이에 류샤오보가 주도하여 제안한 '08헌장'은 중국헌법에 보장된 언론자유의 권리와 비판의 권리를 행사하여, 중국의 공산당 주도의 민주주의에 대한 주장을 비판하는 동시에 그 대안을 제시한 것으로 해석할 수 있다.

'08헌장'은 2008년 12월 10일 제창된 중국의 인권선언이자 민주화 선언으로, 헌법에 기반을 두는 '중화연방 헌정공화국'의 건설을 목적으로 한다. '헌정제'가 가지는 의의는 바로 공산당의 지배가 아니라 국가 최고 법률로서의 헌법에 기반을 두는 법치를 실현하자는 것이다. 중국을 공산당 지배에서 벗어나 보통 선거권에 기반을 둔 중화연방 헌정공화국의 건설을 목표로 한다는 점에서 '08헌장'은 과거의 다른 시도들과는 다르게, 그 탈사회주의적, 탈마르크스적 지향을 분명히 하고 있다. '08헌장'은 1977년에 만들어진 체코슬로바키아의 '77헌장,' 영국 대헌장인 마그나카르타, 미국독립선언, 프랑스 1789년 인권선언, 대만 민주화운동 등으로부터 영향을 받았다. '08헌장'은 유엔 세계인권선언 60주년, 중국의 민주의 벽 운동 30주년, 천안문 민주화운동 20주년, 중국정부의 공민권리와 정치권리에 관한 국제협약 서명 10주년, 달라이 라마 망명 50주년, 그리고 5·4운동 90주년에 맞추어 작성되었으며, 공산당 일당 독재 종식과 전면적인 민주화의 실시의 내용을 포함하고 있다(Beja, 2009).

'08헌장'은 유엔인권헌장기념일에 맞추어 2008년 12월 10일 공표하려하였으나, 인터넷에 미리 유포되는 바람에 류샤오보는 12월 8일에 체포되고 말았다. 류샤오보의 투옥 이후 2009년 12월 10일 '08헌장'에 서명한 300여명의 지식인들이 류샤오보를 지지하며 공동책임을 지는 서명을 발표한다. 서명초기 300여명은 대개 지식인들이었으나, 이후 서명이 확산되면서 일반 회사원, 탄광노동자, 퇴역군인, 학생, 농민, 자영업자 등 그 수는 일만 명을 넘어섰다(한겨레신문, 2010년 1월 30일자). '08헌장'의 주된 내용 중 하나는 중국의 공산당 일당독재로 말미암아 현재 도덕적인 공황, 사회양극화, 문화 및 자연환경의 파괴, 그리고 정부와 인민사이 적대감의 고조가 일어나고 있다고 지적하고, 평화로운 민주주의 선설로 이 위기를 극복해야 한다는 것이다(Nathan, 2009).

'08헌장'은 그 원칙과 이름을 '77헌장'으로부터 빌려오고 있으며, 기본적으로 자유, 평등, 인권이라는 인류의 보편적 가치 아래 중국에 민주적 공화정이 실시되는 정치제도 구축을 목표로 한다. 이에 따라서 사법권의 독립이 요구되며, 공안. 검찰. 법원을 관할하는 공산당 정법위원회의 폐지를 요구하며, 공산당이 아닌 국가와 헌법에 충성하는 군의 국가화를 요구한다. 그리고 군 내부에서도 공산당 조직을 철폐할 것을 요구하고 있다. '08헌장'은 앞서 작성된 류샤오보의 1989년 '단식투쟁선언문'과 유사하게 헌장의 내용을 전달하고자 하는 대상이 단지 국가지도자들뿐만 아니라 사회에 존재하는 모든 일반 민중들인 것이다. 앞서 논의한 1989년 '단식투쟁선언'과 동일하게 '08헌장'은 이렇듯 민중들이 보다 능동적인 시민으로 중국사회의 주인 역할을 할 것을 당부하고 있다.

'08헌장'의 제2장에서는 자유, 평등, 인권, 공화, 민주, 헌정 등 여섯 가지의 근본적인 이념을 소개하였다(李曉蓉/張祖樺, 2009). 첫째, '자유'는 언론, 집회, 신앙, 결사, 출판, 파업 등의 자유를 의미하며, 둘째, '평등'은 시민으로서 사회지위, 직업, 성별, 경제상황, 종족, 피부색, 종교 신앙에 관계없이 모두 평등함을 의미한다. 세 번째, '인권'은 국가가 민중에게 복무하는 것이며, 정부는 민중을 위해 존재한다는 것이다. 네 번째 '공화제'는 모두가 평화롭게 공생하며 공동으로 통치하는 사회로, 공산당 지배가 아닌 권력이 분산되어 견제와 균형을 받는 삼권 분립제를 표방하고 있다. 다섯 번째, '민주'는 주권이 민중과 민중이 선출한 정부에서 나온다는 원칙이며, 여섯 번째, '헌정'은 법치에 기본을 두어 정부의 권력과 행위에 한계를 둔다는 것이다.

제3장에서는 2장에 나타난 기본이념에 기초하여 보다 구체적으로

중국의 헌법개정과 직접선거 등, 19개 항목의 요구사항을 전개하고 있다(Beja, 2009: 12; 李曉蓉/張祖樺, 윗글). 19개의 요구사항은, ① 헌법개정(憲法改正), ② 삼권분립제도(三權分立), ③ 입법민주(立法民主), ④ 사법독립(司法獨立), ⑤ 공공제도와 기관의 공용(公器公用), ⑥ 인권보장(人權保障), ⑦ 공직선거(公職選擧), ⑧ 도농격차해소(城鄕平等), ⑨ 결사의 자유(結社自由), ⑩ 집회의 자유(集會自由), ⑪ 언론의 자유(言論自由), ⑫ 종교의 자유(宗教自由), ⑬ 공민교육(公民教育), ⑭ 재산보호(財産保護), ⑮ 세재개혁(財稅改革), ⑯ 사회보장(社會保障), ⑰ 환경보호(環境保護), ⑱ 연방공화제(聯邦共和), ⑲ 진실과 화해에 기반을 둔 정의(轉型正義)의 실현이다. 제3장의 내용들을 통해서 중국 공산당의 일당독재를 철폐하는 것을 목표로 이를 위한 보다 구체적인 정책적 대안들을 제시하고 있다. 즉, 1989년 천안문 민주화운동 과정에서 제기되었던 문제를 보다 더 구체화하여 공산당을 초월한 국가 최고 법률로서의 헌법개정을 요구하는 것이다.

'08헌장'은 대부분의 참여자가 20년 전 천안문 민주화 운동의 참여자라는 점에서도 의의를 갖는다. 이는 천안문 민주화운동이 '08헌장'을 통해 단순히 천안문 광장을 점거했던 익명적 대중운동과 단식투쟁으로 그친 것이 아니라, 실질적인 대안과 정책을 마련하는 구체화된 요구로 새로이 되살아났음을 의미한다. 1989년 천안문 광장에서의 민주화 요구가 주로 문제제기와 정부비판에 그친 한계가 있었다면, '08헌장'은 정책적으로 중국 사회문제들에 대한 근본적인 해결은 중국공산당의 개혁과 전면적인 민주화 없이는 불가능하다는 것을 지적하고 있는 것이다. 류샤오보는 '08헌장'을 통하여 급속하고 무질서한 혁명적 변화가 아니라, 평화적이고 점진적인 개혁을 지향하는 대안적 지식인의 모습을 보이고 있다.

## 3. 소결

'08헌장' 발간에 즈음하여 자칭린(賈慶林) 전국인민정치협상회의 주석은 '서구식 민주주의는 중국에 맞지 않고, 다당제나 양당제, 양원제와 3권 분립 등은 중국의 실정에 맞지 않는 잘못된 제도들이며, 중국은 공산당의 우월적 지배를 통한 통치를 성공적으로 해왔고 앞으로도 그럴 것'이라고 주장했다. 더불어 '중국의 정치체제 개혁은 결코 서방을 모방하지 않을 것'임을 주장하기도 하였다(서울신문, 2009년 1월 24일자). 또한 2009년 5월 30일 중국공산당 중앙선전부 이론국은 「6가지 이유」(六个为什么)라는 제목의 이론서적을 펴내고 대대적인 학습운동을 펼치고 있다. '08헌장'의 문제제기에 대한 중국공산당의 반박을 정리한 것으로 보이는 이 서적에서 제시하는 여섯 가지 이유는 다음과 같다(人民日報理論部, 2009). 첫째, 왜 마르크스주의를 지도적 사상 체계로 견지해야하며, 사상의 다원화를 허용해서는 안 되는지, 두 번째, 왜 사회주의만이 중국을 구할 수 있으며 중국특색사회주의만이 중국을 발전시킬 수 있는지, 그리고 왜 민주사회주의나 자본주의를 해서는 안 되는지, 세 번째, 왜 반드시 인민대표대회 제도를 유지해야 하고 삼권분립을 해서는 안 되는지, 네 번째, 왜 중국 공산당 영도 하의 다당합작과 정치협상제도를 유지해야 하며 서구식 다당제를 해서는 안 되는지, 그리고 다섯 번째, 왜 공유제를 핵심으로 한 다양한 소유제를 유지하고 사유제를 해서는 안 되는지, 마지막으로 여섯 번째, 왜 개혁개방을 흔들림 없이 추진하고 이를 후퇴시켜서는 안 되는지 등의 문제를 강조하고 있다.

현재 사회주의 중국에서 공산당의 독재는 일면 운명이나 극복할 수 없는 천리(天理)로 느껴질지도 모른다. 하지만 역설적으로 이러한 상황에서 류샤오보에게 내려진 11년이라는 장기형은 그 만큼 '08헌장'과 류샤오보의 저항이 위협적인가를 반영한다고 보여진다. 또한 이러한 점에서 1989년 천안문 민주화운동 당시 사망자와 희생자에 대한 진상조사 거부, 배상거부, 책임자 문책 거부도 사회주의 중국 내부에서의 금기의 정치를 보여준다.

중국 지식인 루쉰(魯迅)은 일찍이 「총명한 사람, 바보, 종」이라는 저술에서 신세타령만 늘어놓는 종이라는 유형 외에, 총명한 사람과 바보라는 두 가지 유형의 지식인에 대해 논의하였다(한병곤, 2002: 26-32). 총명한 사람은 지배질서에 아첨하며 세상을 거짓과 위선으로 살아가는 사람이며, 바보는 이해타산을 버리고, 자신의 꾸밈없는 본심에 따라 움직이는 사람이다. 현실사회주의의 불평등과 권력 앞에서 분세를 느끼지 못하고 '유토피아'로 여기며 평온무사하게 사는 사람은 총명한 사람일지 모른다. 하지만 깨달음을 가지고, 저항하며, 박해를 받는 사람들은 비록 바보나 공식적인 반혁명분자일지 모르지만, 그들이 바로 사회주의사회의 '금기'에 도전하는 사람들이다.

| 제Ⅴ부 |

# 결론

이 책은 급격한 변화를 겪고 있는 사회주의 중국에서 탈사회주의의 과정을 겪고 있는 주체들, 즉 행위자들의 경험에 대한 연구이다. 문화대혁명을 경험하였으며 단위체제라는 비교적 안정된 복지제도를 가지고 있었던 사회주의 중국이 개혁개방이라는 탈사회주의 전환을 겪으면서 어떠한 변화를 겪고 있는지를 경험적으로 관찰하고 분석하였다.

(탈)사회주의 중국에 관한 사회학적 연구는 과거 마르크스나 베버 등 고전사회학자들에게는 저발전의 공간으로 여겨졌던 비서구 동아시아 사회에 대한 성찰적 접근으로서, 서구적 근대성의 '대안'적 모습에 대한 진지한 고민과 실현가능한 사회의 실험에 대한 연구이기도 하다. 즉 고전사회학자들이 공통적으로 비판받았던 오리엔탈리즘과 서구중심주의의 신화를 파괴하고, 새로운 사회의 가능성과 한계를 동시에 검토하고 모색할 수 있는 기회를 제공한다. 이 책은 탈사회주의전환의 사회학 이론이라는 사회학의 이론적 논의로 출발하여, 사회주의 중국의 역사적 경험을 문화혁명에 초점을 맞추어 논의하였다.

1970년대 말 사회주의 중국에서 시작된 계획경제로부터 시장경제로의 이동, 즉 사회체제 수준의 거시적 변환은 행위자 차원의 미시적 변화 또한 야기하였다. 근대화된 시장사회에서 살아가고 있는 사람들은 표면적으로는 자유로운 주체처럼 보일 수도 있으나, 그와 동시에 사회의 권력관계와 불평등 속에서 훈육된 규율화된 주체인 것이다. 이러한 점에서 1949년 혁명과 문화혁명을 겪었던 사회주의 중국의 '사회주의 인간'들은 개혁개방을 경험하며 새로운 시장질서를 내재화함으로써 새로운 탈사회주의적 인간으로 변화하고 있다. 본 저서는 중국의 개혁개방 과정을 또 하나의 인간개조 과정으로 판단하며, 그 과정 속에서 구체적으로 인간들이 어떻게 변화하고 있는지에 대해 이해하고자 하였다. 구체적인 사례들로 실업노동자들의 탈사회주의화와 '따마'라는 이행기 세대의 경험에 대해 논의하였다.

시장화된 인간, 즉 호모 이코노미쿠스는 자신의 이익을 극대화 하려는 경제적 합리성을 행위의 원칙이자 이념으로 삼는다. 이는 사회학자 베버의 개념 '자본주의정신'과 맞닿아 있다고 할 수 있다. 과거 문화대혁명시기에는 금기되었던 이러한 자본주의 정신과 시장지향적 행위들이 현재 중국에서는 바람직한 윤리로 간주되고 있다. 이 책의 초점은 이와 같은 사고방식의 변화와 중국의 과거 복지체제 붕괴 속에서 새롭게 등장한 윤리성에 대한 경험적 이해에 있다. 즉 개혁개방에 따른 시장화, 사영화, 상업화 속에서 실제 살아가는 행위자들이 어떠한 삶을 영위하는지에 대한 궁금증으로부터 출발했던 것이다.

중국의 맥락에서 이는 통상적으로 단위인에서 사회인으로의 전환을 의미한다. 이러한 관점은 푸코주의자 고든(Gordon)이 비판적으로 고찰하듯 "자본에 맞서는 노동자로 자신을 정의하는 상태에서 … 사회의 고용인이라는 상태로 변한"(1991: 40) 것과 유사한 거대한 전환으로 이해할 수 있다. 개혁개방 이전의 중국 노동자들은 국가의 주인이자, 혁명적인 사회주의 전사들이었다. 하지만 현재의 중국 노동자들은 탈사회주의 전환을 경험하면서 국가와 자본의 고용인으로 내몰려 예전에 가졌던 특권적 지위를 잃어버렸다. 이러한 의미에서 중국 노동자들은 불안정한 프레카리아트가 되어버렸으며, 마르크스의 의미에서 프롤레타리아트로 보기는 어렵다.

이와 같은 점에서 이 책은 사회주의 중국에서의 금기에 대한 연구이기도 하다. 본 저서는 노동자 국가에서 노동자들의 지위변화에 대한 경험적 연구와 흔히들 6 · 4라고 불리는 1989년 천안문 민주화운동의 유산 및 반체제지식인 류샤오보에 대한 연구들을 포함하였다. 이러한 경험적 연구를 통하여 사회주의 중국의 탈사회주의화 과정에서 드러나는 권력관계와 새로운 불평등의 등장을 비판적으로 이해하고자 하였다. 노동자 집단과 반체제 지식인이라는 탈사회주의 주체에 대한 연구는 단순한 중국사회의 일반성, 평균성, 보편성에 대한 연구가 아니라, 주류사회에서 배제되고 소외된 행위자에 대한 관심의 표현인 것이다. 즉 사회주의 중국의 탈사회주의화 과정에서 출현하는 새로운 '정상성'의 개념은 무엇이며, 이로 인해 '비정상'으로 규정되어 배제되고 억압받는 행위자들에 대한 연구인 것이다.

고전 사회학자 맑스는 다음과 같이 쓴 적이 있다. "헤겔은 어디에선가 세계사에서 막대한 중요성을 지닌 모든 사건과 인물들은 반복된다고 언급한 적이 있다. 그러나 그는 다음과 같이 덧붙이는 것을 잊었다. 첫 번째는 비극으로, 두 번째는 희극으로 (Marx, 1963: 15)." 중국 사회주의의 역사에서 첫 번째 혁명(1949)은 반시장적인 혁명이었고, 그 이후 이어진 문화혁명은 중국역사의 비극이었다. 하지만 동시에 개혁개방이전 철밥그릇과 종신적 직업 보장, 그리고 국영 기업 내 도시 노동자들의 다양한 복지 혜택을 가져왔다. 그러나 현재까지도 진행되고 있는 두 번째 혁명(1978-), 칼 폴라니의 언어를 빌리면 거대한 변환은 정리해고와 단위복지 체제의 해체를 가져왔다. 첫 번째 혁명은 과거 반식민지 반봉건적인 상황으로부터의 해방을 가져왔으며, 도시부문에 제도화된 단위 복지체제를 성립하였다. 그러나 현재의 두 번째

혁명은 역설적으로 노동자들에게는 비극이 되고 있다. 과거 특권적 위치를 유지할 수 있었던 노동자들은 급속한 시장화와 함께 일과 복지 혜택을 모두 박탈당하고 말았다. 현재 사회주의 중국의 노동자들은 국가의 아무런 도움 없이 그들 스스로를 새로운 시장 사회에 적응시키는 개혁에 홀로 남겨져 자립갱생을 추구해야 하는 상태이다. 이러한 노동자들은 두 번째 혁명 이후 시장화에서 주변으로 밀려난 소외계급으로 전락하고 말았다.

탈사회주의 주체의 형성은 자본주의 인간의 탄생이라는 의미에서 새로운 현상으로 이해할 수도 있겠지만, 실상은 과거의 사회주의 유산과 미래의 시장주의 지향의 결합이라는 옛 것과 새로운 것의 결합이다. 새로운 시장윤리와 경제적 합리성의 소개라는 점에서 미셸 푸코가 제시했던 통치성의 개념이 많은 함의를 가진다. 통치성 개념은 자유주의 이데올로기라는 지향과 그렇지 못한 현실 사이의 괴리를 연결시키는 다양한 형태의 실천으로 이해할 수 있는데, 이는 행위자들의 기대, 행위 그리고 실천들이 자유주의 원칙에 맞추어 바뀌어야 하며, 경제 합리성이 사회 모든 영역에서 지배적인 위치를 차지하는 과정이다. 중국에서 탈사회주의 주체형성도 과거 사회주의의 실천과 새로운 신자유주의 이데올로기의 혼합적인 양상을 보이고 있다. 사상교육, 사상개조 등의 사회주의적 실천은 완벽하게 폐기된 것이 아니라 자본주의적 인간의 창출을 위해 재활용되고 있는 것이다.

## ■ 참고문헌


구문규. 2006. 「적응과 반항: 현대 중국 지식인의 위치와 역할 찾기」. 『중국학보』 54. 177-192.

김도희. 2008. 「중국의 신좌파와 자유주의: 1990년대 지식인 논쟁을 중심으로」. 『세계지역연구논총』 26(3). 181-205.

김언하. 2008. 「영화 〈인생〉: 중국 현대사에 대한 준엄하고 따뜻한 통찰」. 『중국학』 31. 449-468.

김영진. 2002. 『중국의 도시 노동시장과 사회: 상해시를 예로』. 한울아카데미.

김 인. 2014. 「중국 도시 공간 재구성과 지배구조 변화: 단위와 사구 변화를 중심으로」. 『中苏研究』 38(1). 121-138.

김재관. 2009. 「후진타오 집권기 중국 민주개혁 논쟁에 대한 비판적 검토: 중국 지식인 내부의 최근 논쟁을 중심으로」. 『아세아연구』 52(2). 143-183.

리 지히우 · 류 짜이푸 지. 김대성 역. 2003. 『고별혁명』. 북로드.

막스베버 저, 금종우 · 전남석 역. 1981. 『지배의 사회학』. 한길사.

박영신. 1999. 「현대문명의 실체와 저항도덕: 바츨라브 하벨의 '진리'의식」. 『현상과 인식』 겨울. 140-161.

_____. 2000. 『실천 도덕으로서의 정치: 바츨라브 하벨의 역사 참여』. 연세대학교 출판부.

_____. 2008.「광야에서 외친 하벨의 진리주장」.『비평』봄. 346-358.

백승욱. 1996.「경제위기와 제도변화: 중국 경제개혁기 고용체제의 변화 '단위'체제의 부분적 해체」.『산업노동연구』2(2). 255-291.

_____. 1997.「중국 '단위복지' 체제의 해체: 사회보험 제도 개혁을 중심으로」.『중소연구』21(4). 93-135.

_____. 2001.『중국의 노동자와 노동정책: '단위 체제'의 해체』. 문학과지성사.

_____. 2002.「신자유주의 세계질서하의 중국의 WTO 가입」.『동향과 전망』52. 5-29.

_____. 2003.「중국의 사회문제: 빈부격차와 실업문제」.『계간사상』가을. 138-159.

_____. 2007.「중국 정부와 학자들의 '화목사회'」.『한겨레 21』653.

_____. 2009.『세계화의 경계에 선 중국』. 창비.

_____. 2009.「중국에서 '사회주의적 민주' 논쟁을 통해서 본 아래로부터 비판적 사상형성의 굴곡」.『마르크스주의 연구』6(3). 122-152.

_____. 2012.『문화대혁명: 현대 중국의 트라우마』. 살림.

백승욱 편. 2007.『중국노동자의 기억의 정치:문화대혁명 시기의 기억을 중심으로』. 폴리테리아.

서진영. 2004.「중화인민공화국 헌법과 헌법 개정안의 내용과 성격-1982년 헌법과 4차례의 헌법개정안을 중심으로」.『동아시아연구』8.

왕후이(汪暉) 저.『亞洲思想的譜系: 爲了新亞洲思想』. 이욱연 역. 2003.『새로운 아시아를 상상한다』. 창비.

원재연. 2005.「사회학적 중국연구방법의 모색」.『사회과학논집』36. 23-45.

_____. 2006.「중국 실업 노동자들의 탈사회주의화 과정에 관한 연구」.『한국문화인류학』39(2). 45-84.

______. 2008.「기억의 정치를 통한 중국 사회주의의 과거와 현재의 만남」.『경제와 사회』 77, 256-263.

______. 2010.「사회주의 중국에서 진리안의 삶의 모색」.『현상과인식』 35(3). 225-250.

위화 저. 백원담 역. 1997.『살아간다는 것』. 푸른숲.

이기홍. 2008.「사회과학에서 생산성 그리고 구상과 실행의 분리」.『경제와 사회』 77. 10-32.

이문기. 2009.「중국 지식인과 국가관계의 변천: 체제 수호세력인가 시민사회 추동세력인가?」,『중국학 연구』 47. 187-216.

이홍영. 1979.「중국혁명의 딜레머: 문화혁명의 기원」.『중소연구』 4(1). 7-43.

자오쯔양 저. 바오푸 엮음. 장윤미 · 이종화 역. 2010.『국가의 죄수』. 에버리치홀딩스

장영석. 2002.「중국 국유 기업 개혁과 노동관계 변화」.『한국사회학』 36(3). 79-109.

______. 2003.「중국 국유기업의 소유권 구조 개혁과 기업 지배구조의 변화 -창사 00 공장의 사례 연구를 중심으로」.『중소연구』 27(1). 13-36.

______. 2004.「중국 국유기업 개혁과 노동자 저항의 논리 -정조우 ○○ 공장 사례를 중심으로」.『중소연구』 28(1). 13-39.

______. 2005.「특집: 동북아시대와 중국 ; 중국의 경제 성장과 도시 실업 문제」.『한국과 국제정치』 21(1). 123-155.

장영석 · 백승욱. 2005.「중국 상하이시 국유기업 개혁과 노동관계의 변화」.『현대중국연구』 7(1). 167-220.

한병곤. 2002.「루쉰과 지식인」.『중국현대문학』 22. 25-55.

형요 · 원재연. 2015. 「동북지역출신 80후세대에 관한 사례연구」. 『중국학논집』 49. 315-344.

Chang Ying. 2016. 「이행기의 중국 "따마": "우링허우" "류링허우"세대 여성의 특징에 관한 연구」. 연세대학교 사회학과 석사논문.

费孝通. 2013. 『乡土中国』. 中华书局.

风笑天. 2004. 『中国独生子女: 从"小皇帝"到"新公民"(From the spoiled child the new citizen - studies on Chinese only children』. 知识出版社.

高中建 · 孟利艳. 2007. 「80 后现象的归因」. 『中国青年研究』 10. 76-79.

高中建. 2011. 「我国"80 后"新生代社会认同研究现状综述」. 『前沿』 298. 125-127.

雷生. 1998. 『下崗跨世紀的中國課題』. 中央民族大學出版社.

莫榮. 2001. 「就業」. 『中國社會形勢分析與豫測』. 社會科學文獻出版社.

揭爱花. 2000. 「单位: 一种特殊的生活空间」. 『浙大学报』 16. 76-84.

梁曉聲. 1997. 『中國社會各階層分析』. 經濟日報出版社.

刘玉峰.王云. 2007. 「关于80后教育的几点思考」. 『新西部』 5. 146-152.

刘晓波. 2005. 『中共的独裁爱国主义』.

_____. 2006ㄱ. 『难道中国人只配接受"党主民主"』.

_____. 2006ㄴ. 『通过改变社会来改变政权』.

_____. 2006ㄷ. 『多面的中共独裁』.

刘少杰. 2014. 「当代中国社会转型的实质与缺失」. 『学习与探索』 9. 33-39.

陸學藝. 2002. 『當代中國社會階層研究報告』. 社會科學文獻出版社.

______. 2004. 『當代中國社會流動』. 社會科學文獻出版社.

陸學藝 · 李培林. 2003. 『社會藍批書 : 中國社會形勢分析與豫測』. 社會科學文獻出版社.

______. 2004. 『2005社會藍批書 : 中國社會形勢分析與豫測』. 社會科學文獻出版社.

李春玲. 2013. 「80后现象的产生及其演变」. 『黑龙江社会学报』 1. 82-88.

李华松. 2008. 「改革开放30年对"80 后"特征形成的影响」. 『中国青年研究』 11. 89-93.

李曉蓉. 張祖樺 編. 2009. 『零八宪章』. 开放出版社.

李强 · 洪大用. 2001. 『失業下崗問題對比研究』. 清華大學出版社.

李培林 · 張翼. 2000. 『國有企業社會成本分析』. 社會科學文獻出版社.

李培林 · 李强. 孫立平. 2004. 『中國社會分層』. 社會科學文獻出版社.

李培林 외. 2005. 『社會沖突與階級意識: 當代中國社會矛盾問題研究』. 社會科學文獻出版社.

李汉林. 1993. 「中国单位现象与体制改革」. 『中国社会科学季刊』 5. 244-251.

孙立平. 2003. 『断裂—20世纪90年代以来的中国社会』. 社会科学文献出版社.

______. 2004. 『失衡—断裂社会的运作逻辑』. 社会科学文献出版社.

張左偉. 1998. 『再就業工程』. 中國審計出版社.

程文義. 2004. 『職業指導與創業教育』. 中國電力出版社.

中共中央党校出版社. 2001 『"三個代表" 學習回答』. 中共中央党校出版社.

中國勞動和社會保障部. 1999. 『職業指導』. 中國勞動社會保障出版社.

中國勞動出版社. 1998. 『國有企業下崗織工基本生活保障和再就業工作會議文件汇編』. 中國勞動出版社.

馮同慶. 2002. 『中國工人的命運』. 社會科學文獻出版社.

人民日报理论部. 2009. 『六个为什么』. 人民日报出版社.

Abercrombie, Nicholas, Stephen Hill, and Bryan S. Turner. 1986. *Sovereign Individuals of Capitalism*. London: Allen and Unwin.

Anagnost, Ann. 1997. *National Past-Times: Narrative, Representation, and Power in Modern China*. Durham & London: Duke University Press.

Bahro, Rudolf. 1978. *The Alternative in Eastern Euroope*. New York: Verso.

Barme, Geremie. 1990. "Confession, Redemption and Death: Liu Xiaobo and the Protest Movement of 1989." George Hicks(ed.). *The Broken Mirror: China after Tiananmen*. Essex: Longman. 55-99.

Beja, Jean-Philippe. 2009. "China since Tiananmen: the Massacre's Long Shadow." *Journal of Democracy* 20(3). 5-16.

Blecher, Marc J. 2002. "Hegemony and Workers' Politics in China." *China Quarterly* 170. 283-303.

Bottomore, Tom. 1983(ed.). *A Dictionary of Marxist Thought*. Cambridge: Harvard University Press.

Burawoy, Michael et al. 2000. *Global Ethnography*. Berkeley: University of California Press.

Burawoy, Michael. 1990. "Marxism as Science: Historical Challenges and Theoretical Growth." *American Sociological Review* 55. 775-793.

______. 1998. "The Extended Case Method." *Sociological Theory* 16(1). 4-33.

______. 2000. "Marxism after communism." Theory and Society. 29. 151-174.

______. 2001. "Neoclassical Sociology: From the End of Communism to the End of Classs." *American Journal of Sociology* 106(4). 1099-1120.

______. 2009. *The Extended Case Method.* Berkeley: University of California Press.

Burawoy, Michael and Janos Lukacs. 1992. *The Radiant Past.* Chicago: University of Chicago Press.

Burchell, Graham, Colin Gordon and Peter Miller. 1991(eds.). *The Foucault Effect: Studies in Governmentality.* Chicago: University of Chicago Press.

Cai, Yongshun. 2002. "The Resistance of Chinese Laid-off Workers in the Reform Period." *China Quarterly* 170. 327-344.

______. 2006. *State and Laid-Off Workers in Reform China: The Silence and Collective Action of the Retrenched.* London and New York: Routledge.

Chan, Anita. 2001. *China's Workers Under Assault: The Exploitation of Labor in a Globalizing Economy.* Armonk and London: M.E. Sharpe.

Chen, Feng. 2000. "Subsistence Crises, Managrial Corruption and Labor Protests in China." *The China Journal* 44. 41-63.

______. 2003 "Industrial Restructuring and Workers' Resistance in China." *Modern China* 29(2). 237-262.

Cliff, Tony. 1964. *Russia: A Marxist Analysis.* London: Socialist Review Publishers.

Connell, R. W. 1997. "Why Is Classical Theory Classical."*American Journal of Sociology* 102(6). 1511-1557.

Connell, Raewyn. 2007. *Southern Theory: The Global Dynamics of Knowldege in Social Science*. Sydney and Cambridge: Polity Press.

Davis, Deborah. 2000. "Social Class Transformation in Urban China." *Modern China* 26(3). 251-275.

Djilas, Milovan. 1957. *The New Class*. New York: Holt, Rinehart and Winston.

Dutton, Michael. 1992. *Policing and Punishment in China*. Cambridge: Cambridge University Press.

______. 1998. *Streetlife China*. Cambridge: Cambridge University Press.

Eyal, Gil. 2000. "Anti-politics and the Spirit of Capitalism: Dissident, Monetarists, and the Czech Transition to Capitalism." *Theory and Society* 29:49-92.

Eyal, Gil, Ivan Szelenyi and Eleanor Townsley. 1998. *Making Capitalism without Capitalists*. New York: Verso.

______. 2001."The Utopia of Postsocialist Theory and the Ironic View of History in Neoclassical Sociology." *American Journal of Sociology* 106(4). 1121-1128.

______.. 2003. "On Irony: An invitation to Neoclassical Sociology." *Thesis Eleven* 73(1). 5-41.

Feher, Feher, Heller, Agnes and Markus, Gyorgy. 1984. *Dictatorship over the Needs*. Oxford: Basil Blackwell.Feng, Chongyi. 2011. "Charter 08, the Troubled History and Future of Chinese Liberalism." The Asia-Pacific Journal 2. 1-10.Fligstein, Neil. 2001. *The Architecture of Markets: An Economic Sociology of Twenty-First Century*

*Capitalist Societies*. Princeton: Princeton University Press.

Foucault, Michel. 1977. *Discipline and punish : the birth of the prison. translated from the French by Alan Sheridan*. NewYork: Vintage Books.

______. 1988. *The care of the self. translated from the French by Robert Hurley*. New York: Vintage Books

______. 1990. *The history of sexuality Vol I and Vol II. The Use of Pleasure. translated from the French by Robert Hurley*. NewYork: Vintage Books.

Gallagher, Mary. 2004. "The Limit of Civil Society in a Late Leninist State." Muthia Alagappa(ed.). *Civil Society and Political Change in Asia: Expanding and Contracting Democratic Space*. Stanford: Stanford University Press. 419-452.

Goldman, Merle and Elizabeth J. Perry. 2002. *Changing Meanings of Citizenship in Modern China*. Cambridge: Harvard University Press.

Gordon, Colin. 1991. "Governmental Rationality: An Introduction." G. Burchell, C.Gordon, and P. Miller(eds.). *The Foucault Effect*. Chicago: The University of Chicago Press. 1-52.

Gouldner, Alvin. 1979. *The Future of Intellectuals and the Rise of New Class*. London: Macmillan.

Gu, Edward X. 2004. "Social Capital, Institutional Change and the Development of Non-governmental Intellectual Organiztions in China." Edward Gu and Merle Goldman (eds.). *Chinese Intellectuals Between State and Market*. London and New York: Routledge

Curzon. 21-42.

Havel, Vaclav. 1988. "Anti-Political Politics." John Keane(ed.). *Civil Society and the State: New European Perspectives*. New York: Verso. 381-398.

______. 1989. "Power of Powerless." Jan Vladislav(ed.). *Living in Truth*. Boston and London: Faber and Faber. 3-35.

Hung, Eva P. W. and Stephen W.K. Chiu. 2003. "The Lost Generation: Life Course Dynamics and Xiagang in China." *Modern China* 29(2). 204-236.

Hurst, William and Kevin O'Brien. 2002. "China's Contentious Pensioners." *China Quarterly* 170. 345-360.

Keane, Michael. 2001. "Redefining Chinese Citizenship." *Economy and Society* 30(1). 1-17.

Konrad, George and Ivan Szelenyi. 1979. T*he Intellectuals on the Road to Class Power*. New York: Harcourt, Brace and Jovanovich.

Lakatos, Imre. 1978. *The Methodology of Scientific Research Program*. Cambridge: Cambridge University Press.

Lane. David. 1982. *The End of Social Inequality*. London: Allenand Unwin.

Moore. Robert L. 2005. "Generation Ku: Individualism and China's Millennial Youth." *Ethnology* 44(4). 357-376.

Lee. Ching Kwan. 2000. "The 'Revenge of History': Collective Memories and Labor Protests in Northeastern China." *Ethnography* 1(2). 217-237.

Lee. Hong Yung. 2000. "Xiagang: The Chinese Style of Laying off

Workers." *Asian Survey* 140(6). 914-938.

Lemke, Thomas. 2001. "'The Birth of bio-politics': Michel Foucault's Lecture at the Colledge de France on Neo-Liberal Governmentality." *Economy and Society* 30(2). 190-207.

Lenin, Vladmir. 1974. *State and Revolution.* New York: International Publishers.

Liu, Xiaobo. 1994. "That Holy Word, "Revolution"." Jeffrey N. Wasserstrom and Elizabeth J. Perry(eds.). *Popular Protest and Political Culture in Modern China.* Boulder. Westview Press. 309-324.

Lu, Xiaobo and Elizabeth Perry. 1997. *Danwei: the Changing Chinese Workplace in Historical and Comparative Perspective.* Armonk and London: M.E. Sharpe.

Lynch, Daniel C. 1999. *After the Propaganda State: Media, Politics and "Thought Work" in Reformed China.* Stanford: Stanford University Press.

Marx, Karl. 1963. *The Eighteenth Brumaire of Louis Bonaparte.* New York: International Publishers.

Nathan, Andrew J. 2009. "China since Tiananmen: Authoritarian Impermanence." *Journal of Democracy* 20(3).

Nathan, Andrew J. and Link, Perry. 2002(eds.). *The Tiananmen Papers.* New York: Public Affairs. 37-40.

Parkin, Frank. 1979. *Marxism and class theory: a bourgeois critique.* New York : Columbia University Press.

Ong, Aihwa. 1999. *Flexible Citizenship: The Cultural Logics of Transnationality.* D urham: Duke University Press.

Orville Schell and David Shambaugh. 1999(eds.). *The China Reader: The Reform Era*. New York. Vintage Books.

Perry, Elizabeth. 1996. "Labor's Love Lost: Worker Militancy in Communist China." *International Labor and Working-Class History* 50. 64-76.

Perry, Elizabeth and Mark Selden. 2000(eds.). *Chinese Society: Change, Conflict, and Resistance*. London and New York: Routledge.

Polanyi, Karl. 1957. *The Great Transformation*. New York: Beacon Press.

Rofel, Lisa. 1999. *Other Modernities: Gendered Yeanings in China after Socialism*. Berkeley: University of California Press.

Said, Edward. 1978. *Orientalism*. New York: Vintage.

Solinger, Dorothy. 1999. *Contesting Citizenship in Urban China*. Berkeley: University of California Press.

______. 2001. "Why We Cannot Count the "Unemployed."" *China Quarterly* 167. 671-688.

______. 2002. "Labor Market Reform and the Plight of the Laid-off proletariat." *China Quarterly* 170. 304-326.

Spence, Jonathan. 1990. *The Search for Modern China*. New York and London: W.W. Nortonand Company.

Stark, David. 1986. "Rethinking Internal Labor Markets: New Insights from a Comparative Perspective." *American Sociological Review* 51(4). 492-504.

Steinmetz, George. 2004. "Odious Comparisons? Incommensurability, the Case Study, and "Small N's."" *Sociological Theory* 22(3). 371-400.

Szelenyi, Ivan. 1982. "The Intelligentsia in the Class Structure of State-Socialist Societies."in *Marxist Inquiries*. Supplement to *American Journal of Sociology* 88.

______. 1987. "The Prospects and Limits of the Eastern European New Class Project."*Politics and Society* 15(2).

______. 2015. "The Triple Crisis of US Sociology" *Global Dialogue* 5(2).

Szelenyi, Ivan and Bill Martin. 1988. "The three waves of New Class Theories." *Theory and Society* 17. 645-667.

Szelenyi, Ivan and Eric Kostello. 1996."The Market Transition Debate: Toward A Synthesis?"*American Journal of Sociology* (101). 1082-1096.

Thompson, E. P. 1963. *The Making of the English Working Class*. London: Victor Gllacz Ltd.

Trotsky, L. 1972. *The Revolution Betrayed*. New York: Pathfinder Press.

Tucker, Robert. 1978(ed.). *The Marx-Engels Reader*. New York: W. W. Norton.

Verdery, Katherine. 1996. *What was Socialism, and What comes Next?*. Princeton: Princeton University Press.

Walder, Andrew. 1986. *Communist Neo-Traditionalism. Work and Authority in Chinese Industry*. Berkeley and Los Angeles: University of California Press.

Wang, Qianni. 2015. *An Ethnography Study of Dance in Public Spaces, Master's Thesis, Anthropology Department*. Hong Kong: the Chinese University of Hong Kong.

Weber, Max. 1978. *Economy and Society*. Berkeley: University of California Press.

Won, Jaeyoun. 2004. "Withering Away of the Iron Rice Bowl?: the Reemployment Project of Post-Socialist China." *Studies in Comparative International Development* 39(2). 71-93.

Zhang, Everett. 2005."Rethinking Sexual Repression in Maoist China: Ideology, Structure and the Ownership of the Body."*Body & Society* 11(3). 1-25.

# 사회주의 중국에서
# 탈사회주의 주체의 형성

저 자 원재연
발 행 연세대학교 대학출판문화원
주 소 서울특별시 서대문구 연세로 50
http://www.yonsei.ac.kr/press
ysup@yonsei.ac.kr
전 화 02)2123-3380~2
팩 스 02)2123-8673
등 록 1955년 10월 13일 제9-60호
인 쇄 (주)대화북스

2017년 8월 30일 1판 1쇄
ISBN 978-89-6850-189-0 (93330)

값 12,000원